Lothar Poguntke
Dieter Tober

Zusammentreffen von Renten und Einkommen

Studientext Nr. 22

1. Auflage 1993 (Redaktionsschluß: 30. 4. 1993)

ISBN 978-3-409-00972-0 ISBN 978-3-663-12844-1 (eBook)
DOI 10.1007/978-3-663-12844-1

Ursprünglich erschienen bei Betriebswirtschaftlicher Verlag Dr. Th. Gabler GmbH, Wiesbaden 1993.

Lektorat: Dipl.-Kffr. Susanne Keil
Fachgutachter: Andreas Polster
Satz: SATZPUNKT Ursula Ewert, Braunschweig

Inhaltsverzeichnis

Verzeichnis der Abkürzungen

Abs.	–	Absatz
AFG	–	Arbeitsförderungsgesetz
ArEV	–	Arbeitsentgeltverordnung
ARW	–	aktueller Rentenwert
BAT	–	Bundesangestelltentarifvertrag
BeamtenVG	–	Beamtenversorgungsgesetz
BGB	–	Bürgerliches Gesetzbuch
Bstb.	–	Buchstabe
BVG	–	Bundesversorgungsgesetz
BWGöd	–	Gesetz zur Regelung der Wiedergutmachung nationalsozialistischen Unrechts für Angehörige des Öffentlichen Dienstes
bzw.	–	beziehungsweise
DEVO	–	Datenerfassungsverordnung
DO-Ang.	–	Dienstordnungs-Angestellte
DÜVO	–	Datenübermittlungsverordnung
EG	–	Europäische Gemeinschaft
EheG	–	Ehegesetz
EhfG	–	Entwicklungshelfergesetz
EStG	–	Einkommensteuergesetz
ff.	–	fortfolgende
FRG	–	Fremdrentengesetz
GAL	–	Gesetz über eine Altershilfe für Landwirte
G 131	–	Gesetz zur Regelung der Rechtsverhältnisse der unter Art. 131 des Grundgesetzes fallenden Personen
HEZG	–	Hinterbliebenen- und Erziehungszeiten-Gesetz
KnAT	–	Knappschaftlicher Angestelltentarifvertrag
LAG	–	Lastenausgleichsgesetz
MdE	–	Minderung der Erwerbsfähigkeit
PEP	–	persönliche Entgeltpunkte
RAF	–	Rentenartfaktor
RVO	–	Reichsversicherungsordnung
SGB	–	Sozialgesetzbuch
v. H.	–	vom Hundert

1. Sinn und Zweck der zusätzlichen Berechnungsvorschriften

Lernziel:

Sie können den Sinn und Zweck der zusätzlichen Berechnungsvorschriften begründen.

1.1 Lohn- und Unterhaltsersatzfunktion der Rentenleistungen

Lohn- und Unterhaltsersatzfunktion

Mit wenigen Ausnahmen dienen Renten entweder als Ersatz für wegfallendes Entgelt (Lohn) oder Einkommen. Die Gründe für das Wegfallen dieses Entgeltes oder Einkommens können vielschichtig sein; unter anderem kommen in Betracht:

- Alter,
- Einschränkung der Erwerbsfähigkeit aus gesundheitlichen Gründen (verminderte Erwerbsfähigkeit),
- Tod.

Die Rente kann entweder als

- Unterhaltsersatz oder als
- Unterhaltszuschuß gewährt werden.

Renten, denen Unterhaltsersatzfunktion zukommt, sind:

- Regelaltersrente (§ 35 SGB VI),
- Altersrente für langjährig Versicherte (§ 36 SGB VI),
- Altersrente für Schwerbehinderte, Berufsunfähige oder Erwerbsunfähige (§ 37 SGB VI),
- Altersrente wegen Arbeitslosigkeit (§ 38 SGB VI),
- Altersrente für Frauen (§ 39 SGB VI),
- Altersrente für langjährig unter Tage beschäftigte Bergleute (§ 40 SGB VI),
- Rente wegen Erwerbsunfähigkeit (§ 44 SGB VI),
- Große Witwen- und Witwerrente (§ 46 Abs. 2 SGB VI),
- Große Witwen- und Witwerrente an geschiedene Ehegatten (§ 243 Abs. 2 SGB VI),
- Vollwaisenrente (§ 48 SGB VI).

Renten, denen Unterhaltszuschußfunktion zukommt, sind:

- Rente wegen Berufsunfähigkeit (§ 43 SGB VI),
- Rente für Bergleute (§ 45 SGB VI),
- Kleine Witwen- oder Witwerrente (§ 46 Abs. 1 SGB VI),
- Kleine Witwen- oder Witwerrente an geschiedene Ehegatten (§ 243 Abs. 1 SGB VI),
- Halbwaisenrente (§ 48 SGB VI).

Im Falle der Unterhaltsersatzfunktion soll gänzlich wegfallendes Entgelt oder Einkommen durch die Rente ersetzt werden. Hier ist davon auszugehen, daß der Berechtigte seinen Lebensunterhalt nicht mehr durch die Verwertung seiner Arbeitskraft sicherstellen kann. Bei der Unterhaltszuschußfunktion soll der Berechtigte das ihm verbliebene Leistungsvermögen noch sinnvoll durch die Ausübung einer Erwerbstätigkeit verwerten. Da dies bei Renten wegen verminderter Erwerbsfähigkeit oftmals nur ein Teilleistungsvermögen sein wird, soll in diesem Fall der fehlende Teil des Erwerbseinkommens durch die Rente ersetzt werden.

1.2 Vermeidung von Mehreinkommen nach Eintritt des Leistungsfalles

Vermeidung von Mehreinkommen

Oftmals kommt es vor, daß eine Person mehrere Ansprüche auf Geldleistungen aus unterschiedlichen Bereichen auf sich vereinigt. Das müssen nicht immer Ansprüche aus Sozialleistungen sein. Die Häufung von Ansprüchen kann dazu führen, daß der Berechtigte durch den Hinzutritt der Rentenzahlung über ein höheres Einkommen als vor Eintritt des Leistungsfalles verfügt. Um eine finanzielle Besserstellung durch Rentenzahlungen zu vermeiden, hat der Gesetzgeber durch die zusätzlichen Berechnungsvorschriften entsprechende Begrenzungen vorgenommen.

Aufgaben zur Selbstüberprüfung:

1. Erläutern Sie bitte die Funktionen der Renten.
2. Nennen Sie bitte zwei Gründe für den Wegfall von Einkommen, die durch Zahlung einer Rente auszugleichen sind.
3. Begründen Sie bitte die Notwendigkeit für die Einführung zusätzlicher Berechnungsvorschriften.

2. Auswirkungen der zusätzlichen Berechnungsvorschriften auf das Stammrecht bzw. den Einzelanspruch

Lernziel:

> Sie können die Elemente des Rentenanspruchs und die Auswirkungen der Berechnungselemente auf die einzelnen Teile erläutern.

Der Rentenanspruch gliedert sich in zwei Elemente:

- das Stammrecht und
- den Einzelanspruch

Rentenanspruch
Einzelanspruch
Stammrecht

Das Stammrecht beinhaltet den Rentenanspruch dem Grunde nach, der Einzelanspruch ist der aus dem Stammrecht entstehende Anspruch auf Auszahlung der monatlichen Rente. Während bei Wegfall des Stammrechts der Rentenanspruch vollständig erlischt, ist bei einer Änderung der Rentenhöhe immer der Einzelanspruch betroffen. Selbst wenn durch die Anrechnung von Einkommen kein Rentenzahlbetrag mehr verbleiben sollte, bleibt der Rentenanspruch dem Grunde nach – also das Stammrecht – erhalten.

Beispiel 1:

Der Bezieher einer Altersrente wegen Arbeitslosigkeit (§ 38 SGB VI) überschreitet mit seiner Beschäftigung 18 Wochenstunden.
Welcher Anspruch ist betroffen?

Lösung:

Es ist das Stammrecht betroffen, weil Arbeitslosigkeit während des Rentenbezuges gemäß § 38 Nr. 2 SGB VI Voraussetzung für den Anspruch dem Grunde nach ist. Bei mehr als 18 Stunden wöchentlicher Beschäftigung wird diese Voraussetzung nicht mehr erfüllt. Der Rentenanspruch entfällt.

Beispiel 2:

Eine Waise erzielt ein auf die Waisenrente anzurechnendes Einkommen in Höhe von 650,00 DM. Die Waisenrente beträgt vor der Anrechnung 320,00 DM.
Welcher Anspruch ist betroffen?

Lösung:

Es ist der Einzelanspruch betroffen. Selbst durch die Tatsache, daß sich durch die Anrechnung kein zahlbarer Betrag ergibt, wird das Stammrecht nicht betroffen.

Aufgaben zur Selbstüberprüfung:

4. Beschreiben Sie bitte die Elemente eines Rentenanspruchs.
5. Wodurch erlischt ein Rentenanspruch vollständig?

3. Mehrere Rentenansprüche

Lernziel:

Sie können die Rangfolge bei mehreren Rentenansprüchen sowohl aus eigener Versicherung als auch Hinterbliebenenrenten bestimmen.

3.1 Rangfolge bei Renten aus eigener Versicherung

Zeitgleiche Rentenansprüche

Die Rangfolge bei mehreren zeitgleichen Rentenansprüchen aus **eigener Versicherung** richtet sich nach § 89 Abs. 1 SGB VI. Grundsatz ist, daß bei nebeneinander bestehenden Rentenansprüchen aus eigener Versicherung nur die höchste Rente gezahlt wird.

Die Anwendung von § 89 Abs. 1 SGB VI setzt voraus, daß

1. mindestens zwei Rentenansprüche,
2. aus eigener Versicherung,
3. zeitgleich bestehen.

Zu 1.

Nach dem ab 1. Januar 1992 geltenden Recht gibt es – mit einer Ausnahme – keine Umwandlung von Rentenansprüchen. Lediglich eine mit Vollendung des 65. Lebensjahres wegfallende Rente wegen verminderter Erwerbsfähigkeit und die Erziehungsrente ist von Amts wegen als Regelaltersrente gemäß § 35 SGB VI weiterzuzahlen (§ 115 Abs. 3 Satz 1 SGB VI).

Zu 2.

Renten aus eigener Versicherung sind:

- Renten wegen verminderter Erwerbsfähigkeit,
- Erziehungsrenten,
- Altersrenten.

Wichtig ist, daß die Ansprüche jeweils festgestellt wurden. Die Tatsache, daß ein Anspruch besteht, ohne jedoch geltend gemacht worden zu sein, reicht nicht aus.

Zu 3.

Zeitgleich bedeutet, daß die Rentenansprüche für denselben Zeitraum bestehen. Dabei ist es unerheblich, ob mehrere Rentenansprüche von Anfang an, das heißt vom ersten Rentenbeginn an, bestanden haben oder ob im Laufe der Bezugszeit einer Rente ein weiterer Rentenanspruch hinzutritt.

Mehrere Rentenarten

Renten sind grundsätzlich nur auf Antrag zu leisten (§ 19 SGB IV; § 115 Abs. 1 Satz 1 SGB VI). Ein Rentenantrag ist grundsätzlich auf mehrere Rentenarten gerichtet, es sei denn, der Versicherte beschränkt seinen Leistungsantrag. Ist zum Beispiel Rente gemäß §§ 36, 38, 39 SGB VI ausdrücklich beantragt worden, muß jede Rente für sich festgestellt und anschließend die Konkurrenzregelung des § 89 Abs. 1 SGB VI angewendet werden. Die höchste Altersrente wird gezahlt. Sollte sich bei allen festzustellenden Renten die gleiche Rentenhöhe ergeben, ist die vom Gesetzgeber in § 89 Abs. 1 Satz 2 SGB VI vorgesehene Rangfolge zu beachten:

1. Regelaltersrente (§ 35 SGB VI),
2. Altersrente für langjährig Versicherte (§ 36 SGB VI),
3. Altersrente für Schwerbehinderte, Berufsunfähige und Erwerbsunfähige (§ 37 SGB VI),
4. Altersrente wegen Arbeitslosigkeit (§ 38 SGB VI),
5. Altersrente für Frauen (§ 39 SGB VI),
6. Altersrente für langjährig unter Tage beschäftigte Bergleute (§ 40 SGB VI),
7. Rente wegen Erwerbsunfähigkeit (§ 44 SGB VI),
8. Erziehungsrente (§ 47 SGB VI),
9. Rente wegen Berufsunfähigkeit (§ 43 SGB VI),
10. Rente für Bergleute (§ 45 SGB VI).

Beispiel 1:

Eine Versicherte stellt einen Antrag auf Altersrente gemäß §§ 36, 38 und 39 SGB VI. Sie erfüllt für sämtliche Rentenarten die entsprechenden Anspruchsvoraussetzungen. Welche Rente kommt zur Auszahlung?

Lösung:

Da der Antrag nicht auf eine Rentenart beschränkt wurde, sind alle geltend gemachten Ansprüche festzustellen. Die höchste Rente ist zu leisten. Ergibt die Berechnung für alle festgestellten Renten einen gleich hohen Rentenbetrag, ist die Rente an langjährig Versicherte gemäß § 36 SGB VI zu zahlen. Die übrigen Renten werden nicht geleistet.

Wird der Rentenantrag auf eine bestimmte Rentenart beschränkt und wird dieser Anspruch allein festgestellt, ist § 89 Abs. 1 SGB VI nicht anzuwenden.

Hinzutretender Rentenanspruch

Eine weitere Möglichkeit besteht darin, daß zu einem bereits festgestellten Rentenanspruch ein weiterer hinzutritt. Hier können sich bei dem hinzutretenden Anspruch unter anderem Auswirkungen auf die Ermittlung von Entgeltpunkten (EP) ergeben, weil nicht mehr das Durchschnittseinkommen, das vorläufig festgesetzt wurde, sondern das tatsächliche Durchschnittsentgelt aus Anlage 1 zum SGB VI (§ 70 Abs. 1 Satz 2 SGB VI) zu berücksichtigen ist. In einem solchen Fall wird sich eine Abweichung von der Rentenhöhe gegenüber der zuerst festgestellten Rente ergeben. Hier muß dann geprüft werden, welche die höhere Rente ist. Die Besitzschutzregelung des § 88 SGB VI ist jedoch zu beachten.

Beispiel 2:

Eine Versicherte bezieht eine Teilrente gemäß § 36 SGB VI für langjährig Versicherte und übt nebenbei eine zulässige versicherungspflichtige Teilzeitbeschäftigung aus. Nach Aufgabe der Teilzeitbeschäftigung beantragt sie nun die Zahlung einer Altersrente für Frauen gemäß § 39 SGB VI. Die Berechnung der Altersrente für Frauen ergibt einen höheren Zahlbetrag.

Lösung:

In Anwendung von § 89 Abs. 1 Satz 1 SGB VI wird die Altersrente für Frauen gemäß § 39 SGB VI gezahlt. Die bisher gezahlte Altersrente für langjährig Versicherte wird nicht mehr geleistet. § 89 Abs. 1 Satz 2 SGB VI ist nicht anzuwenden, da unterschiedliche Zahlbeträge vorliegen.

Zu vergleichende Beträge

Bei Anwendung des § 89 Abs. 1 Satz 1 SGB VI sind die Rentenbeträge gegenüberzustellen, die sich nach Anwendung **aller** Berechnungsvorschriften, die beim Zusammentreffen von Rente und Einkommen bzw. Regelungen aus dem Versorgungsausgleich, aber vor der Anwendung der Vorschriften über die Krankenversicherung der Rentner ergeben. § 98 SGB VI enthält eine Regelung zur Reihenfolge der vorzunehmenden Berechnungen. So ist gemäß § 98 Nr. 9 SGB VI die Prüfung bei mehreren Rentenansprüchen zuletzt vorzunehmen. Damit ist sichergestellt, daß der Berechtigte die für ihn günstigste Rente erhält.

3.2 Rangfolge bei großer und kleiner Witwen- und Witwerrente

Witwen- und Witwerrenten

Paragraph 89 Abs. 2 SGB VI stellt ausdrücklich klar, daß für denselben Zeitraum neben einer großen keine kleine Witwen-/Witwerrente zu leisten ist. Diese Regelung war erforderlich, weil die kleine und die große Witwen-/Witwerrente als eigenständige Rentenansprüche ausgestaltet sind.

Von der Konkurrenzregelung des § 89 Abs. 2 SGB VI sind folgende Rentenansprüche betroffen:

- Große Witwenrente mit kleiner Witwenrente,
- Große Witwerrente mit kleiner Witwerrente,
- Große Witwenrente an den vorletzten Ehegatten mit kleiner Witwenrente an den vorletzten Ehegatten,
- Große Witwerrente an den vorletzten Ehegatten mit kleiner Witwerrente an den vorletzten Ehegatten,
- Große Witwenrente an den geschiedenen Ehegatten mit kleiner Witwenrente an den geschiedenen Ehegatten,
- Große Witwerrente an den geschiedenen Ehegatten mit kleiner Witwerrente an den geschiedenen Ehegatten.

Ein Anspruch auf die große Witwen- oder Witwerrente oder die anderen zuvor genannten Hinterbliebenenrenten kann aus zwei Gründen wegfallen:

1. Vollendung des 18. Lebensjahres des gemäß § 46 Abs. 2 SGB VI berechtigten Kindes (Ausnahme: Gebrechlichkeit) oder
2. Wegfall oder Beseitigung der Berufs- bzw. Erwerbsunfähigkeit.

In einer derartigen Situation besteht aber in jedem Fall der Anspruch auf die kleine Witwen- oder Witwerrente. Ein neuer Rentenbeginn für die kleine Witwen- oder Witwerrente ergibt sich aber nicht; es verbleibt bei dem ursprünglichen Rentenbeginn, da der Anspruch auf die kleine Witwen- oder Witwerrente neben dem Anspruch auf die große Witwen- oder Witwerrente (weiter)bestand, aber lediglich nicht zur Auszahlung gelangte.

Anders dagegen stellt sich die Sachlage dar, wenn statt eines Anspruchs auf kleine Witwen- oder Witwerrente ein Anspruch auf die große Witwen- oder Witwerrente entsteht. Da während des Bezuges der kleinen Witwen- oder Witwerrente der Anspruch auf die große Rente nicht permanent bestand, ergibt sich auch ein neuer Rentenbeginn mit Auswirkungen unter anderem auf die Ermittlung der persönlichen Entgeltpunkte (§ 70 Abs. 1 Satz 2 SGB VI, § 252 Abs. 4 SGB VI, § 263 Abs. 2 und 3 SGB VI). Zum Rentenbeginn bei Hinterbliebenenrenten vgl. Studientext Nr. 18 „Renten wegen Todes".

3.3 Rangfolge bei mehreren Waisenrenten

Rangfolge

Paragraph 89 Abs. 3 SGB VI regelt, daß nur die höchste Waisenrente geleistet wird, wenn für denselben Zeitraum Anspruch auf mehrere Waisenrenten besteht. Die Vorschrift hat nur Auswirkungen auf Ansprüche für Halbwaisen nach § 48 Abs. 1 SGB VI, weil bei Vollwaisenrenten im Sinne von § 48 Abs. 2 SGB VI wegen der Regelung von § 66 Abs. 2 Nr. 3 SGB VI die Rente aus den beiden höchsten Rentenstämmen ermittelt wird.

Eine Halbwaise kann aber mehrere Ansprüche auf Halbwaisenrente auf sich vereinigen, ohne den Status einer Vollwaise zu erlangen. Sind die Halbwaisenrenten unterschiedlich hoch, wird nur die höchste Halbwaisenrente gezahlt. Die anderen Halbwaisenrenten werden nicht geleistet. Sind die Halbwaisenrenten gleich hoch, wird die Halbwaisenrente gezahlt, die zuerst beantragt wurde. Zur Antragstellung vgl. Ausführungen zu § 16 SGB I. Die anderen Halbwaisenrenten werden nicht geleistet.

Gegenüberzustellende Beträge

Bei der Ermittlung der gegenüberzustellenden Rentenbeträge sind die sich **nach** Anwendung aller für die Berechnung der jeweiligen Halbwaisenrente einschlägigen Vorschriften (§§ 90–97 SGB VI, Versorgungsausgleich) aber **vor** Anwendung der Vorschriften über die Krankenversicherung der Rentner ergebenden Rentenbeträge zu berücksichtigen (vgl. § 98 SGB VI).

Aufgaben zur Selbstüberprüfung:

6. Nach welchen Kriterien richtet sich die Rangfolge bei nebeneinander bestehenden Rentenansprüchen aus eigener Versicherung?
7. Erläutern Sie den Begriff „zeitgleich".
8. Wie ermittelt sich der Rentenbetrag, zur Feststellung der höheren Rente benötigt wird?
9. Unter welcher Voraussetzung besteht der Anspruch auf die große und kleine Witwenrente zeitgleich?
10. Welche Rente wird gezahlt, wenn eine Halbwaise mehrere Ansprüche auf Halbwaisenrente hat?
11. Aus welchem Grund findet § 89 Abs. 3 SGB VI auf Vollwaisenrenten keine Anwendung?

4. Witwen- und Witwerrente nach dem vorletzten Ehegatten und Ansprüche infolge Auflösung der letzten Ehe

Lernziel:

Sie können die auf die Rente nach dem vorletzten Ehegatten anzurechnenden Einkommensarten und die Höhe der anzurechnenden Einkommen feststellen.

Anrechnung

Auf einen Rentenanspruch gemäß § 46 Abs. 9 SGB VI sind zeitgleich bestehende Ansprüche auf Witwen- oder Witwerrente oder sonstige relevante Einkünfte, die vom letzten Ehegatten abstammen, anzurechnen. Hierbei ist unerheblich, ob die Ehe durch Tod, Scheidung oder Feststellung der Nichtigkeit aufgelöst wurde.

4.1 Anrechenbare Leistungen

Anrechenbare Ansprüche

Maßgebend sind Ansprüche, die aus der **letzten** Ehe hergeleitet werden können. Hierzu gehören:

- Ansprüche auf Witwen- oder Witwerrente,
- Versorgungsansprüche,
- Unterhaltsansprüche.

Bei der Feststellung der anzurechnenden Leistungen ist es ohne Bedeutung, ob die Ansprüche öffentlich-rechtlicher oder privat-rechtlicher Natur sind. Ebenso werden Ansprüche aus dem Ausland erfaßt. Wichtig ist aber, daß der Anspruch **realisierbar**, das heißt durchsetzbar ist. Ist der Anspruch nicht durchsetzbar, erfolgt keine Anrechnung.

Nicht nur die gesetzliche Rentenversicherung kennt bei wiederauflebenden Ansprüchen die Anrechnung von neu erworbenen Ansprüchen. Auch andere öffentlich-rechtliche Bereiche sehen unter anderem eine Anrechnung vor. Das Bundessozialgericht hat hierzu aber festgestellt, daß die Anrechnung neu erworbener Ansprüche nur einmal vorzunehmen ist.

4.1.1 Die anzurechnenden Leistungen

Anzurechnende Leistungen sind:

1. Wiederauflebende Bezüge gemäß § 61 Abs. 3 BeamtenVG.

Vorrangig sind die neuen Ansprüche auf die Leistung der gesetzlichen Rentenversicherung anzurechnen. Nur nicht verbrauchte (neue) Ansprüche sind noch bei der beamtenrechtlichen Versorgung anzurechnen.

2. Wiederauflebensrente gemäß § 44 Abs. 2 BVG.

Vorrangig sind die neuen Ansprüche auf die Leistung der gesetzlichen Rentenversicherung anzurechnen.

Ausnahme: Wurden in der letzten Ehe Ansprüche nach dem Bundesversorgungsgesetz erworben, erfolgt vorrangig die Anrechnung auf die Leistung nach dem BVG.

3. Unfallrente aus der gesetzlichen Unfallversicherung.

Die anzurechnenden Ansprüche aus der letzten Ehe sind in der Höhe anzurechnen, die dem Verhältnis entspricht, in dem die Leistungen der Unfallversicherung und der Rentenversicherung zueinander stehen (Vereinbarung zwischen den Rentenversicherungsträgern und den Berufsgenossenschaften).

4.1.2 Die anzurechnenden Leistungen und ihre Höhe im einzelnen

Rentenansprüche

1. Witwen- oder Witwerrente nach dem letzten Ehegatten (§ 46 SGB VI).

2. Witwen- oder Witwerrente an den geschiedenen Ehegatten (§ 243 SGB VI).

Anrechenbar ist der Betrag, der sich nach Anwendung von §§ 91, 93 SGB VI, aber vor Anwendung der Vorschriften über die Krankenversicherung der Rentner ergibt; im Ergebnis also die Bruttorente einschließlich der Leistungsanteile aus der Höherversicherung. Der Anrechnungsbetrag ist aber in jedem Fall vor der Einkommensanrechnung des § 97 SGB VI festzustellen, da andernfalls die Einkommensanrechnung unterlaufen bzw. wieder rückgängig gemacht wird (§ 90 Abs. 1, 2. Halbsatz SGB VI).

Versorgungsansprüche

3. Hinterbliebenenversorgungen nach beamtenrechtlichen Vorschriften.

Es handelt sich hierbei um die nachfolgenden Leistungen:

- Witwen- oder Witwergeld §§ 19, 28 BeamtenVG,
- Unterhaltsbeitrag §§ 22, 26 BeamtenVG,
- Hinterbliebenenversorgung nach dem G 131,
- Hinterbliebenenversorgung nach § 31a BWGöd.

Maßgebend sind die sich nach Anwendung der Kürzungs- und Ruhensvorschriften ergebenden Beträge. Dagegen sind die Belastungen durch Lohn- und Kirchensteuer **nicht** zu berücksichtigen. Im Ergebnis sind also die Bruttobeträge maßgebend.

4. Unterhaltsansprüche

Unterhaltsansprüche

Unterhaltsansprüche können auf gesetzlichen oder privaten Regelungen basieren. Nach dem ab 1. Juli 1977 geltenden Scheidungsrecht richtet sich der Unterhaltsanspruch grundsätzlich nach §§ 1569 ff. BGB. Grundsätzlich besteht ein Unterhaltsanspruch dann, wenn ein Ehegatte sich selbst unter anderem ehebedingt nicht unterhalten kann. Die ehebedingten Gründe sind in §§ 1570–1573, 1575, 1576 BGB normiert.

Darüber hinaus können aber auch private (vertragliche) Regelungen über einen nachehelichen Unterhalt geschlossen werden (§ 1585c BGB; § 72 EheG).
Wurde auf Unterhalt verzichtet, ist grundsätzlich der Betrag (fiktiv) anzurechnen, auf den der Berechtigte ohne den Verzicht Anspruch hätte. Von dieser Regelung sind aber in Anwendung der einschlägigen Rechtsprechung Ausnahmen möglich.

Anzurechnen ist der Betrag, der dem Berechtigten tatsächlich gezahlt wird. Abzüge sind von dem Betrag nicht vorzunehmen.

5. Sonstige Renten

Hierzu gehören:

- Hinterbliebenenrente nach dem GAL,
- Hinterbliebenenrente aus der gesetzlichen Unfallversicherung,
- Leistungen an Hinterbliebene nach dem BVG,
- Kriegschadensrente nach dem LAG, wenn der letzte Ehegatte den entschädigungspflichtigen Schaden erlitten hat,
- Leistungen aus Lebensversicherungen (wurde anstelle einer monatlichen Rente ein Kapitalbetrag gezahlt, ist der Betrag maßgebend, der sich ergibt, wenn statt des Kapitalbetrages die Leistung als Rente gezahlt würde),
- Leistungen der betrieblichen Altersvorsorge,
- Schadensersatzrenten,
- Ausgleichsrente gemäß § 1587g BGB.

6. Nicht anzurechnende Leistungen

Anrechnungsfreie Leistungen

Eine Anrechnung auf den Anspruch gemäß § 46 Abs. 3 SGB VI ist nicht vorzunehmen, wenn eine der nachfolgenden Leistungen gezahlt wird:

- Erziehungsrente gemäß § 47 SGB VI,
- Leistungen, die auf einem Versorgungsausgleich beruhen (§ 76 Abs. 2 SGB VI).

Beispiel 1:

Ein Anspruch (§ 46 Abs. 3 SGB VI) besteht ab 1. 2. 1993 infolge der Auflösung der letzten Ehe durch Tod des Ehegatten.

Für die Berechtigte wurden folgende Leistungen errechnet

1. Nach dem letzten Ehegatten:
   Witwenrente in Höhe von 280,00 DM brutto,
   Beamtenversorgung in Höhe von 680,00 DM brutto.
2. Nach dem vorletzten Ehegatten:
   Witwenrente nach § 46 Abs. 3 SGB VI 875,00 DM brutto.

Welche Auswirkungen ergeben sich auf die Leistung nach dem vorletzten Ehegatten?

Lösung:

Beide Leistungen (Witwenrente und Beamtenversorgung) in Höhe von insgesamt 960,00 DM nach dem letzten Ehegatten sind auf die Rente nach dem vorletzten Ehegatten anzurechnen.

875,00 DM ./. 960,00 DM = es verbleibt kein Zahlbetrag.

Beispiel 2:

Ein Anspruch auf Witwenrente nach dem vorletzten Ehegatten (§ 46 Abs. 3 SGB VI) besteht ab 1. 2. 1993 infolge Auflösung der letzten Ehe durch Tod des Ehegatten.

Für die Berechtigte wurden folgende Leistungen errechnet:

1. Nach dem letzten Ehegatten:

   Witwenrente in Höhe von 700,00 DM brutto.

2. Nach dem vorletzten Ehegatten:

   Witwenrente gemäß § 46 Abs. 3 SGB VI 960,00 DM brutto.

Welche Auswirkungen ergeben sich auf die Leistungen nach dem vorletzten Ehegatten?

Lösung:

Die Leistung von 700,00 DM nach dem letzten Ehegatten ist auf die Rente nach dem vorletzten Ehegatten anzurechnen.

960,00 DM ./. 700,00 DM = 260,00 DM

Der Anspruch gemäß § 46 Abs. 3 SGB VI gelangt in Höhe von 260,00 DM zur Auszahlung.

4.2 Einbehaltung einer Witwenrentenabfindung

Einbehaltung einer Witwenrentenabfindung

Im Fall der Wiederheirat einer Witwe oder eines Witwers wird eine Abfindung gemäß § 107 SGB VI in Höhe der 24fachen Durchschnittsrente gezahlt. Durch die Regelung des § 107 Abs. 1 Satz 2 SGB VI wird klargestellt, daß für diese 24 Kalendermonate ein Anspruch auf die (abgefundene) Rente besteht. Wird nun diese Ehe wieder aufgelöst (der Grund hierfür ist unerheblich), entsteht unter den Voraussetzungen des § 46 Abs. 3 SGB VI ein Anspruch auf Rente nach dem vorletzten Ehegatten. Hat die Ehe, für die die Rente abgefunden wurde (also die zweite Ehe), weniger als 24 Kalendermonate angedauert, entsteht ein Anspruch gemäß § 46 Abs. 3 SGB VI für eine Zeit, für die eine Abfindung gemäß § 107 SGB VI geleistet wurde. Um eine vom Gesetzgeber nicht gewollte Doppelzahlung auszuschließen, beinhaltet § 90 Abs. 2 SGB VI ein sogenanntes Einbehaltungsrecht, das heißt, der für diesen Zeitraum gezahlte Abfindungsbetrag, der mit einem Anspruch gemäß § 46 Abs. 3 SGB VI zusammentrifft, ist nach § 90 Abs. 2 SGB VI einzubehalten. Die Einbehaltung ist dabei in angemessenen Teilbeträgen vorzunehmen. Hier hat der Rentenversicherungsträger einen Ermessensspielraum. Bei der Festsetzung des monatlichen Einbehaltungsbetrages sind die anderen Einnahmen zu berücksichtigen. Die Aufrechnung gemäß § 51 SGB I ist nicht anwendbar. Eine Einbehaltung ist aber nur zulässig, wenn der Anspruch gemäß § 46 Abs. 3 SGB VI auch festgestellt wurde.

Beispiel 1:

Durch Heirat wird einer Witwe für die Zeit vom 1. 5. 1992 bis 30. 4. 1994 eine Abfindung in Höhe von 24 × 850,00 DM = 20 400,00 DM gezahlt. Aufgrund des Todes des zweiten Ehemannes und rechtzeitiger Antragstellung besteht ab 1. 12. 1993 ein Anspruch auf Rente nach dem vorletzten Ehegatten gemäß § 46 Abs. 3 SGB VI.
Wie hoch ist der einzubehaltende Betrag?

Lösung:

Der einzubehaltende Betrag betrifft die Zeit vom 1. 12. 1993 bis zum 30. 4. 1994, weil sich hier Abfindungszeitraum und neuer Rentenanspruch überschneiden und beträgt 5 × 850,00 DM = 4 250,00 DM. Dieser Betrag ist in angemessenen Teilbeträgen einzubehalten.

Der Beginn von Renten an Hinterbliebene richtet sich nach § 99 Abs. 2 SGB VI und hängt von der rechtzeitigen Antragstellung ab. Wird die Rente nicht rechtzeitig beantragt, erfolgt die Rentenzahlung gegebenenfalls nicht mehr vom frühestmöglichen Zeitpunkt an. Bei verspäteter Antragstellung ist der Einbehaltungsbetrag um die Rentenbeträge zu mindern, die dem Berechtigten durch die verspätete Antragstellung nicht gezahlt worden sind.

Beispiel 2:

Wiederheirat im Mai 1992;

24-Kalendermonats-Zeitraum: 1. 6. 1992 bis 31. 5. 1994;

Ende der letzten Ehe: Dezember 1993 (Scheidung);

Rentenbeginn infolge verspäteter Antragstellung: 1. 6. 1994;

durchschnittlicher Monatsbetrag der Abfindung: 1 050,00 DM.

Anrechenbarer Betrag im Sinne von § 90 Abs. 1 SGB VI: 280,00 DM.

Die monatliche Witwenrente nach dem vorletzten Ehegatten beträgt 1 300,00 DM.

Welche Beträge sind entgangen und wie hoch ist der Einbehaltungsbetrag?

Lösung:

Die Rente nach dem vorletzten Ehegatten (§ 46 Abs. 3 SGB VI) beträgt nach Anwendung von § 90 Abs. 1 SGB VI 1 020,00 DM (1 300,00 ./. 280,00 = 1 020,00 DM). Es ergibt sich weiterhin ein Einbehaltungsbetrag für die Zeit vom 1. 1. 1994 bis 31. 5. 1994 in Höhe von 5 × 1 050,00 DM = 5 250,00 DM. Durch die verspätete Antragstellung sind der Berechtigten die Rentenbeträge für die Zeit vom 1. 1. 1994 bis 31. 5. 1994 in Höhe von 5 × 1 020,00 DM = 5 100,00 DM entgangen. Der zunächst ermittelte Einbehaltungsbetrag in Höhe von 5 250,00 DM ist um die entgangenen Rentenbeträge in Höhe von 5 100,00 DM zu vermindern. Es verbleibt daher noch ein Einbehaltungsbetrag in Höhe von 150,00 DM.

Die Verminderung des Einbehaltungsbetrages durch die entgangenen Rentenbeträge kann unter Umständen dazu führen, daß kein Einbehaltungsbetrag mehr verbleibt.

Aufgaben zur Selbstüberprüfung:

12. Nennen Sie die auf die Rente gemäß § 46 Abs. 3 SGB VI anzurechnenden Ansprüche (allgemein).

13. Welche Beträge sind bei der Anrechnung auf die Rente gemäß § 46 Abs. 3 SGB VI zu berücksichtigen?

14. Welche Rechtsfolge ergibt sich im Hinblick auf die Rente nach § 46 Abs. 3 SGB VI, wenn eine Witwenrente abgefunden wurde und die neue Ehe vor Ablauf des 24. Kalendermonats aufgelöst wird?

15. Ergibt sich eine Änderung der Rechtsfolge zu Frage 14, wenn wegen der nicht eingehaltenen Antragsfrist die Rente nach § 46 Abs. 3 SGB VI verspätet beginnt? Erläutern Sie diese.

5. Die Aufteilung von Witwen-/Witwerrente auf mehrere Berechtigte

Lernziel:

> Sie können die Aufteilung der Witwen- bzw. Witwerrente auf mehrere Berechtigte durchführen.

Renten-aufteilung

Die Aufteilung der Witwen- bzw. Witwerrente ist in § 91 SGB VI geregelt. Die Vorschrift stellt sicher, daß im Fall des Anspruchs **mehrerer** Berechtigter (zum Beispiel Witwe und frühere Ehefrau) grundsätzlich nicht mehr an monatlicher Rente zu zahlen ist als an einen Berechtigten allein. „Berechtigter" im Sinne von § 91 SGB VI ist nur derjenige Hinterbliebene, dessen Rentenanspruch anerkannt ist.
Voraussetzung für die Anwendung ist, daß mehrere Berechtigte **zeitgleich** Anspruch auf Witwen- oder Witwerrente haben. Ansprüche auf Waisenrente werden von dieser Regelung nicht berührt. Bei einer Witwenrente und mehreren Waisenrenten ist es durchaus denkbar, daß hier sogar der Zahlbetrag der Versichertenrente überschritten wird.

5.1 Ehedauer in Kalendermonaten

Ehedauer

Die Hinterbliebenenrenten sind nach dem Verhältnis aufzuteilen, in dem die Ehedauer der jeweiligen Berechtigten mit dem Versicherten zur Dauer der Ehe des Versicherten mit sämtlichen Berechtigten steht. Die Aufteilung der Ehedauer erfolgt nach **Kalendermonaten**. Dies ergibt sich aus § 122 Abs. 2 Satz 2 SGB VI. Maßgebender Zeitraum für die Ehedauer ist die Zeit von der Eheschließung bis zur Auflösung der Ehe. Für die Anwendung von § 91 SGB VI ergibt sich als Beginn der Ehe der Erste des Monats, in dem die Ehe geschlossen wurde. Sie endet mit Ablauf des Monats, in dem die Rechtskraft der die Ehe auflösenden Entscheidung eintritt oder mit dem Tod des Versicherten. Hat ein Berechtigter in dem Monat, in dem die Rechtskraft der die Ehe auflösenden Entscheidung eingetreten ist, wieder geheiratet, wird dieser Monat doppelt gezählt.

5.2 Berechnung der Monatsrente nach dem Verhältnis der Ehedauer

Aufzuteilender Rentenbetrag

Für die Aufteilung der Witwen- bzw. Witwerrente sind nicht die persönlichen Entgeltpunkte (§ 66 SGB VI) sondern der **Rentenbetrag** maßgebend. Welcher Rentenbetrag maßgebend ist, ergibt sich aus § 98 SGB VI. Es ist der Rentenbetrag vor Anwendung aller Nichtleistungsvorschriften, jedoch nach Anwendung der Vorschriften über den Versorgungsausgleich und der Auslandszahlungsvorschriften zu berücksichtigen. Zum Rentenbetrag gehört auch der Leistungsanteil, der auf Beiträgen zur Höherversicherung beruht (§ 269 Abs. 3 SGB VI).

Es ist die Ehedauer festzustellen, die jeder Berechtigte mit dem Verstorbenen zurückgelegt hat. Zusätzlich ist noch die Gesamtehedauer festzustellen, die der Verstorbene mit allen Berechtigten zurückgelegt hat.

Beispiel:

Ehe mit erster Ehefrau:	25. 4. 1956 bis 18. 7. 1981 =	**304 Kalendermonate**
Ehe mit zweiter Ehefrau:	3. 9. 1986 bis 15. 6. 1993 =	**82 Kalendermonate**

Die Gesamtehedauer beträgt **386 Kalendermonate.**

5.2.1 Besonderheiten bei der Feststellung der Ehedauer

1. Bigamie/mehrere Witwen

Bigamie

Bigamie liegt vor, wenn trotz Bestehens einer Ehe eine zweite Ehe eingegangen wird. Solange aber kein Nichtigkeitsurteil über die zweite Ehe ergangen ist, ist für die Anwendung von § 91 SGB VI von zwei Berechtigten auszugehen. Dies gilt bis zur Rechtskraft eines etwaigen Nichtigkeitsurteils (siehe Abschnitt 5.4.3). Für die Ermittlung der Ehedauer bedeutet dies, daß die Zeit der Doppelehe bei beiden Berechtigten zu berücksichtigen und die Gesamtehedauer zu erhöhen ist.

Beispiel:

1. Ehe mit Anna vom	13. 7. 1942 bis 11. 5. 1993 =	**611 Kalendermonate**
2. Ehe mit Berta vom	25. 11. 1959 bis 11. 5. 1993 =	**403 Kalendermonate**

Tod des Ehemannes am 11. 5. 1993

Die Gesamtehedauer beträgt **1014 Kalendermonate.**

Obwohl der Versicherte nur in dem Zeitraum vom 13. 7. 1942 bis 11. 5. 1993 insgesamt 611 Kalendermonate verheiratet war, ergibt sich durch die Doppelehe eine Gesamtehezeit von 1014 Kalendermonaten.

2. Polygame Ehe/mehrere Witwen

Polygamie

In anderen Kulturkreisen bzw. nach dem Recht anderer Staaten besteht unter Umständen die Möglichkeit, rechtmäßig mit mehreren Frauen verheiratet zu sein. Hier gilt § 91 Satz 3 SGB VI mit der Maßgabe, daß § 34 Abs. 2 SGB I anzuwenden ist, wonach die Aufteilung in der Weise vorzunehmen ist, daß auch hier die Ehedauer der einzelnen Berechtigten im Verhältnis zur Gesamtehedauer (gegebenenfalls unter Berücksichtigung der Doppelehe) maßgebend ist. Diese Aufteilung ist allerdings **endgültig**. Sollte ein Berechtigter versterben, verbleibt es für die übrigen Berechtigten bei der einmal vorgenommenen Aufteilung.

5.2.2 Berechnung

Rentenart-faktoren

Die Berechnung erfolgt aufgrund des Rentenbetrages entsprechend der Ehedauer. Damit wird sichergestellt, daß bei unterschiedlich hohen Renten (große und kleine Witwen- oder Witwerrente treffen zusammen; es sind unterschiedliche Rentenartfaktoren zu berücksichtigen) die jeweils zustehende Leistung auch entsprechend der Ehedauer festgestellt wird.

Beispiel 1:

Persönliche Entgeltpunkte: 42,0000;

Es sind Renten an Hinterbliebene ohne Berücksichtigung einer Sterbeübergangszeit festzustellen für die Zeit vom 1. 1. 1993 bis 30. 6. 1993.

Berechtigte A: Anspruch gemäß § 243 Abs. 2 SGB VI
Ehedauer 318 Monate.

Berechtigte B: Anspruch gemäß § 46 Abs. 1 SGB VI
Ehedauer 70 Monate.

Keine Doppelehe; Gesamtehedauer 388 Monate.
Wie hoch sind die jeweiligen monatlichen Renten unter Berücksichtigung der anteiligen Ehezeit?

Lösung:

Berechtigte A:

Die Rente ohne die anteilmäßige Berechnung beträgt

42,0000 PEP × **0,6** (RAF) × 42,63 DM (ARW) = 1 074,28 DM.

Die anteilmäßige Berechnung ist wie folgt vorzunehmen:

1 074,28 DM × 318 Monate : 388 Monate = 880,47 DM.
(§ 121 Abs. 4 SGB VI ist zu beachten).

Berechtigte B:

Die Renten ohne die anteilmäßige Berechnung beträgt

42,0000 PEP × **0,25** (RAF) × 42,63 DM (ARW) = 447,62 DM.

Die anteilmäßige Berechnung ist wie folgt vorzunehmen:

447,62 DM × 70 Monate : 388 Monate = 80,76 DM.

Aus diesem Beispiel wird ersichtlich, daß trotz der gleichen persönlichen Entgeltpunkte die anteilmäßige Berechnung aus unterschiedlichen Rentenbeträgen erfolgt.

Keine Anrechnung

Die Aufteilung der Renten nach dem Verhältnis der Ehedauer gilt nicht für die Zeit, für die als Rentenartfaktor der Wert 1,0 zu berücksichtigen ist, also bis zum Ende des dritten Kalendermonats nach Ablauf des Monats, in dem der Ehegatte verstorben ist (Sterbeübergangszeit). Diese Regelung kann aber nur Auswirkung auf die Witwe oder den Witwer haben, denn nur für diesen Personenkreis ist eine Sterbeübergangszeit überhaupt vorgesehen. Für die Berechtigten gemäß § 243 SGB VI ist vom Rentenbeginn an sofort die Aufteilung entsprechend der Ehedauer vorzunehmen, weil dieser Personenkreis nicht in den Genuß des Rentenartfaktors 1,0 kommt (§ 67 SGB VI).

Bei der Beteiligung Berechtigter mit Sterbeübergangszeit ist – entgegen der grundsätzlichen Bestimmung – auch ein Überschreiten des Höchstbetrages (Versichertenrente) möglich.

5.3 Verminderung bei Hinzutritt eines weiteren Berechtigten

Zeitpunkt der Veränderung

Paragraph 91 SGB VI ist auch anzuwenden, wenn zeitlich später ein oder mehrere Berechtigte hinzukommen. Das ist regelmäßig der Fall, wenn der geschiedene Ehegatte erst später vom Tod des Versicherten erfährt. Paragraph 268 SGB VI enthält insoweit auch eine eigene Rentenbeginnsregelung für den geschiedenen Ehegatten. Diese Rente wird immer vom Ablauf des Kalendermonats an geleistet, in dem die Rente beantragt worden ist.

Erlöschen des Einzelanspruchs

Ein Berechtigter im Sinne von § 91 SGB VI ist vorhanden, wenn der Rentenanspruch (mit Bescheid) anerkannt wurde. Ein Berechtigter ist selbst dann vorhanden, wenn durch die (nachfolgende) Anrechnung von Einkommen im Sinne von § 97 SGB VI eine Hinterbliebenenrente nicht (mehr) zu leisten ist, weil das anzurechnende Einkommen die zur Verfügung stehende Rente überschreitet. Ebenfalls ist als Berechtigter im Sinne von § 91 SGB VI derjenige zu berücksichtigen, der einen Verzicht im Sinne von § 46 SGB I ausspricht.

Wurde im Falle eines oder mehrerer Berechtigter die Vorschußregelung des § 42 SGB I angewendet, ist mit der Erteilung des Vorschußbescheides ein Hinterbliebener im Sinne von § 91 SGB VI vorhanden.

Ist die Witwen- oder Witwerrente von Beginn an mit zu berechnen, ist unbedingt darauf zu achten, daß für die Dauer der Sterbeübergangszeit bei dieser Rente keine Aufteilung vorgenommen wird.

Beispiel:

Versicherter verstorben am 12. 5. 1993;

Witwenrente ist zu leisten ab 12. 5. 1993;

Rente an die geschiedene Ehefrau ist ab 1. 7. 1993 zu leisten.
Wann beginnt die Aufteilung?

Lösung:

Für die Witwe ist für die Dauer der Sterbeübergangszeit vom 12. 5. 1993 bis 31. 8. 1993 gemäß § 91 SGB VI keine Aufteilung vorzunehmen; die Aufteilung beginnt am 1. 9. 1993.

Für die geschiedene Ehefrau beginnt die Aufteilung mit dem Rentenbeginn am 1. 7. 1993.
Im Ergebnis ist für die Zeit vom 1. 7. 1993 bis 31. 8. 1993 eine Gesamtrente an die Hinterbliebenen zu erbringen, die die Versichertenrente übersteigt.

Minderung

Der Zeitpunkt der Minderung der bisher geleisteten Zahlung richtet sich nach § 48 SGB X. Ist durch den Hinzutritt einer weiteren Berechtigten die Aufteilung – gegebenenfalls auch erneut – vorzunehmen, ist die neue Rentenhöhe ab dem Monat zu gewähren, zu dessen Beginn die Änderung wirksam wird (§ 48 SGB X in Verbindung mit § 100 Abs. 1 SGB VI). Dieser Zeitpunkt kann auch in der Vergangenheit liegen. Wenn der Berechtigte, der zunächst die ungekürzte Rente erhalten hat, bösgläubig war (er wußte, daß die Rente aufzuteilen war), kann sogar eine Rückforderung der überzahlten Leistung gemäß § 50 SGB X in Betracht kommen. Rechtsgrundlage für die Aufhebung ist § 48 Abs. 1 Satz 2 Ziff. 4 SGB X.

5.4 Beginn und Ende der Aufteilung

5.4.1 Beginn der Aufteilung

Erstattung

Der Beginn der Aufteilung richtet sich nach § 48 Abs. 1 Satz 2 Ziff. 4 SGB X in Verbindung mit § 100 Abs. 1 SGB VI. Da hier eine Änderung in den Verhältnissen eintritt, ist zunächst der Zeitpunkt der Änderung in den Verhältnissen festzustellen. Das ist der Zeitpunkt, zu dem die Rente des hinzutretenden Berechtigten beginnt. Zu Beginn dieses Kalendermonats ist die Aufteilung vorzunehmen. Inwieweit eine Rückforderung überzahlter Beträge zulässig ist, beurteilt sich nach § 50 SGB X (siehe auch Studientexte Nr. 27 und 28 „Verwaltungsverfahren I und II").

5.4.2 Ende der Aufteilung

Wegfall der Aufteilung

Die Aufteilung entfällt, wenn bei mehreren Berechtigten die Rente eines Berechtigten im Sinne von § 91 SGB VI wegfällt. Ist nur noch ein Berechtigter vorhanden, endet die Aufteilung. Mit Ablauf des Monats, in dem der Rentenanspruch dem Grunde nach entfällt, entfällt auch die Grundlage für die Aufteilung der Rente. Ab Beginn des Folgemonats ist die Rente entweder in voller Höhe an den verbleibenden Berechtigten anzuweisen oder aber, wenn weiterhin mehrere Berechtigte vorhanden sind, neu aufzuteilen. Es ist allerdings zu beachten, daß im Fall der Wiederheirat einer Witwe oder eines Witwers und nachfolgender Abfindung nach § 107 SGB VI unterstellt wird, daß für den Zeitraum, für den die Abfindung geleistet wird, ein Anspruch auf Witwen- oder Witwerrente besteht. Für das Ende der Aufteilung nach § 91 SGB VI bedeutet dies, daß erst ab Beginn des 25. Kalendermonats nach Wiederverheiratung die Aufteilung endet.

Für die Anwendung von § 34 Abs. 2 SGB I (polygame Ehe) wirkt sich der Wegfall einer Berechtigten **nicht** aus. Diese Aufteilung ist endgültig.

Ebenso erlischt das Stammrecht **nicht**, wenn bei einem Berechtigten infolge der Einkommensanrechnung kein Zahlbetrag mehr verbleibt.

5.4.3 Sonderfall Bigamie

Bigamie

Lebte der Versicherte in Bigamie, ist bis zur Nichtigkeitsfeststellung der zweiten Ehe von zwei Berechtigten auszugehen (§ 23 EheG). Liegt das die Nichtigkeit der zweiten Ehe feststellende Urteil vor (der Eintritt der Rechtskraft ist maßgebend), wird der ursprüngliche Bewilligungsbescheid für die „Witwe", deren Ehe für nichtig erklärt wird, von Anfang an rechtswidrig. Der zweite Ehegatte erlangt nicht den Status einer Witwe/eines Witwers. Für ihn besteht kein Anspruch gemäß § 46 SGB VI, so daß § 45 SGB X anzuwenden ist (rechtswidriger begünstigender Verwaltungsakt) mit der Maßgabe, daß die Aufhebung regelmäßig erst mit dem Eintritt der Rechtskraft des Nichtigkeitsurteils wirksam wird. Von einer rückwirkenden Aufhebung vom Rentenbeginn an wird aus Vertrauensschutzgründen abgesehen.

Für den ersten (rechtmäßigen) Ehegatten stellt sich der Bewilligungsbescheid als rechtswidrig belastend im Sinne von § 44 SGB X dar, weil von einem Sachverhalt ausgegangen wurde, der sich rückwirkend als unrichtig herausgestellt hat. Hier ist die Rücknahme des belastenden Bescheides auch für die Vergangenheit zulässig, wobei Leistungen (volle Rentenhöhe ohne Aufteilung) jedoch nur für maximal vier Jahre vor dem Kalenderjahr der Rücknahme erbracht werden (§ 44 Abs. 4 SGB X).

Aufgaben zur Selbstüberprüfung:

16. Nennen Sie die Voraussetzungen für die Aufteilung der Witwen- oder Witwerrente auf mehrere Berechtigte.
17. Für welche Zeit ist eine Aufteilung der Witwen- oder Witwerrente **nicht** vorzunehmen, obwohl mehrere Berechtigte vorhanden sind?
18. Auf welchen Wert wirkt sich die Aufteilung aus?
19. Zu welchem Zeitpunkt ist eine Änderung vorzunehmen, wenn ein Berechtigter wegfällt?
20. Wie wirkt sich der Wegfall eines Berechtigten aus, wenn § 34 Abs. 2 SGB I (polygame Ehe) angewendet wurde?

6. Waisenrente und andere Leistungen an Waisen

Lernziel:

Sie können die die Waisenrente beeinflussenden Leistungen feststellen und bei der Errechnung der Waisenrente berücksichtigen.

Waisenrenten-zuschlag

Gemäß § 78 SGB VI wird die Waisenrente aus der gesetzlichen Rentenversicherung (Halbwaise/Vollwaise) um einen individuellen Zuschlag an persönlichen Entgeltpunkten erhöht. Dieser Zuschlag richtet sich nach der Anzahl der zu berücksichtigenden rentenrechtlichen Zeiten im Sinne von § 54 SGB VI. Sinn dieses Zuschlages ist es, die Waisenrenten auf ein bestimmtes Niveau anzuheben. Wenn die Waise allerdings weitere Leistungen aus **anderen Sicherungssystemen**, die in ihrem Waisenstatus begründet liegen, erhält, bedarf es nicht der Anhebung der Waisenrente durch den Zuschlag an persönlichen Entgeltpunkten. Paragraph 92 SGB VI regelt die Verfahrensweise in solchen Fällen. Voraussetzung ist, daß die Ansprüche auf die jeweilige Leistung von verschiedenen Verstorbenen abgeleitet werden. Paragraph 92 SGB VI ist immer dann **nicht** anzuwenden, wenn sich die andere Leistung von der Person ableitet, aus deren Versicherung der Zuschlag an persönlichen Entgeltpunkten berechnet wurde. Das ist zum Beispiel dann der Fall, wenn ein Anspruch auf Halbwaisenrente aus der Versicherung der leiblichen Mutter und ein Anspruch auf Waisengeld aus dem Beamtenverhältnis des leiblichen Vaters besteht. Das Kind kann dennoch den Status einer Halbwaise haben, wenn noch Adoptiveltern leben (vgl. Studientext Nr. 18 „Renten wegen Todes"). Gründen sich beide Ansprüche auf dieselbe Person (der verstorbene Vater hatte sowohl Rentenansprüche als auch Ansprüche nach beamtenrechtlichen Vorschriften), ist § 92 SGB VI nicht anzuwenden.

Bei Vollwaisen ergeben sich drei Anwendungsfälle für § 92 SGB VI:

1. Es besteht Anspruch auf eine Vollwaisenrente mit Zuschlag gemäß § 78 SGB VI. Zusätzlich besteht Anspruch auf eine Leistung im Sinne von § 92 SGB VI von einem Verstorbenen, der überhaupt nicht in der gesetzlichen Rentenversicherung versichert war.
2. Es besteht Anspruch auf eine Vollwaisenrente mit Zuschlag gemäß § 78 SGB VI. Die Entgeltpunkte des verstorbenen Versicherten, von dem sich auch der Anspruch auf Waisengeld ableitet, sind nicht Bestandteil der Vollwaisenrente geworden, weil sie die zweithöchste Rente darstellen.
3. Es besteht Anspruch auf eine Vollwaisenrente mit Zuschlag gemäß § 78 SGB VI. Eine weitere Leistung an die Waise leitet sich von einem verstorbenen Elternteil ab, dessen Entgeltpunkte nicht Bestandteil der Vollwaisenrente geworden sind, weil es sich um den Versicherten mit der dritthöchsten Summe an persönlichen Entgeltpunkten gehandelt hat.

Ist ein Zuschlag an persönlichen Entgeltpunkten zur Waisenrente nicht zu gewähren (gemäß § 78 Abs. 3 Satz 2 SGB VI bei Gewährung einer Vollwaisenrente möglich), ist § 92 SGB VI nicht anzuwenden, da nach dem Willen des Gesetzgebers eine Anrechnung nur auf den Zuschlag an persönlichen Entgeltpunkten, nicht aber auf die Stammrente zu erfolgen hat.

6.1 Arten des anzurechnenden Einkommens

Waisenrenten treffen in den Fällen, in denen der Verstorbene auch einem anderen Sicherungssystem angehörte, mit Leistungen aus diesem Sicherungssystem zusammen. Es handelt sich bei den gemäß § 92 SGB VI zu berücksichtigenden anderen Sicherungssystemen um Leistungen:

Anzurechnende Leistungen

- nach beamtenrechtlichen Vorschriften oder Grundsätzen oder entsprechenden kirchenrechtlichen Regelungen oder
- aus einer öffentlich-rechtlichen Versicherungs- oder Versorgungseinrichtung einer Berufsgruppe (berufsständische Versorgung).

6.1.1 Beamtenrechtliche Vorschriften oder Grundsätze

Die Leistungen werden unter anderem als sogenanntes Waisengeld erbracht. Beachtlich ist, daß es sich bei der zahlenden Stelle um einen Arbeitgeber im Sinne von §§ 5 Abs. 1, 6 Abs. 1 Nr. 2 SGB VI handelt. Es kommt auch vor, daß Waisen einen einkommensabhängigen, jederzeit widerrufbaren Unterhaltsbeitrag erhalten. Dieser Unterhaltsbeitrag steht dem Waisengeld nicht gleich; § 92 SGB VI ist auf den Unterhaltsbeitrag nicht anzuwenden.

Beamtenversorgung

6.1.2 Berufsständische Versorgung

Zu berücksichtigen ist ein Waisengeld, das von einer öffentlich-rechtlichen Versicherungs- oder Versorgungseinrichtung einer Berufsgruppe im Sinne von § 6 Abs. 1 Nr. 1 SGB VI gewährt wird. Die Anrechnung dieser Leistung auf den Zuschlag zur Waisenrente ist aber nur zulässig, wenn der Versicherte mindestens einen **Pflichtbeitrag** zu dieser Versicherungs- oder Versorgungseinrichtung entrichtet hat. Gehörte der Versicherte der Versicherungs- oder Versorgungseinrichtung nur als **freiwilliges** Mitglied an, ist die Anwendung von § 92 SGB VI nicht zulässig.
Ebenso ist die Anwendung von § 92 SGB VI nicht zulässig, wenn die Leistung an die Waise durch die Zahlung eines Kapitalbetrages abgefunden wurde.

Berufsständische Versorgung

6.2 Anrechnung von Waisengeld auf den Zuschlag

Damit eine Anrechnung der die Waisenrente beeinflussenden Leistung auf den Zuschlag an persönlichen Entgeltpunkten erfolgen kann, muß der Zuschlag an persönlichen Entgeltpunkten zunächst in einen DM-Betrag umgerechnet werden. Gemäß § 264b SGB VI besteht der Zuschlag an persönlichen Entgeltpunkten aus persönlichen Entgeltpunkten (Ost), wenn **ausschließlich** Entgeltpunkte (Ost) der Berechnung der Rente zugrunde liegen. Das bedeutet, daß dann zur Umrechnung in einen DM-Betrag der aktuelle Rentenwert (Ost) – vgl. § 255a SGB VI – zugrunde zu legen ist. Dies erfolgt in der gleichen Weise wie die Rentenberechnung.

Form der Anrechnung

Formel zur Umrechnung von persönlichen Entgeltpunkten in DM-Betrag:

$$\text{DM-Betrag} = \text{Zuschlag an persönlichen Entgeltpunkten (PEP)} \times \text{Rentenartfaktor} \times \text{aktueller Rentenwert}$$

Auf den sich aus dieser Berechnung ergebenden Betrag ist die Anrechnung (zum Beispiel des Waisengeldes) vorzunehmen. Verbleibt nach der Anrechnung noch ein Betrag, erfolgt keine Rückrechnung des verbleibenden Betrages in persönliche Entgeltpunkte. Der verbleibende Betrag wird vielmehr der Stammrente (Rente ohne den Zuschlag gemäß § 78 SGB VI) hinzugerechnet.

Beispiel:

Es besteht Anspruch auf Vollwaisenrente ab 19. 2. 1993. Der Zuschlag an persönlichen Entgeltpunkten gemäß § 78 Abs. 3 SGB VI beträgt 30,8250 PEP. Der Zuschlag errechnet sich aus der Versicherung der Mutter. Aus der Bewertung der rentenrechtlichen Zeiten der beiden Versicherten mit den höchsten Renten ergeben sich insgesamt 32,0000 Entgeltpunkte.
Die Waise erhält Waisengeld in Höhe von 210,00 DM aus der Beamtenversorgung ihres zuvor verstorbenen Vaters. Wie hoch ist die Waisenrente monatlich bis 30. 6. 1992?

Lösung:

Der Zuschlag an persönlichen Entgeltpunkten nach § 78 SGB VI ist zunächst in einen DM-Betrag umzurechnen:

30,8250 PEP x 0,2 (Vollwaise) x 42,63 DM = 262,81 DM

Von diesem Wert ist das Waisengeld in Höhe von 210,00 DM abzuziehen, so daß noch 52,81 DM verbleiben. Die „Stammrente“ ist um diesen Wert zu erhöhen.

Errechnung der „Stammrente“:

32,0000 x 0,2 x 42,63 = 272,83 DM + 52,81 DM = 325,64 DM monatliche Vollwaisenrente bis 30. 6. 1993.

6.3 Beginn und Ende

Beginn Die Anrechnung ist, sofern die zu berücksichtigende Leistung zum selben Zeitpunkt wie die Waisenrente beginnt, vom Rentenbeginn an vorzunehmen.

Beginnt die zu berücksichtigende Leistung später, richtet sich der Beginn der Anrechnung nach § 48 SGB X. Die Anrechnung ist grundsätzlich von dem Kalendermonat an vorzunehmen, zu dessen Beginn die Änderung wirksam wurde (§ 100 Abs. 1 SGB VI). Es ist jedoch § 48 SGB X zu beachten, wonach auch ein späterer Zeitpunkt für die Wirksamkeit der Änderung in Betracht kommt.

Die Anrechnung entfällt, wenn die anzurechnende Leistung nicht mehr gewährt wird. Die anrechnungsfreie Waisenrente ist vom Ersten des Monats an zu leisten, zu dessen Beginn die Änderung – hier: Wegfall anzurechnender Leistungen – wirksam wird (§ 100 Abs. 1 SGB VI). **Ende**

6.4 Änderungen in der Höhe des Waisengeldes

Änderungen

Änderungen der die Waisenrente aus der gesetzlichen Rentenversicherung beeinflussenden Leistungen aus anderen Sicherungssystemen sind nach § 92 Satz 2 SGB VI erst bei Anpassung der Waisenrente in der gesetzlichen Rentenversicherung zum 1. Juli eines jeden Jahres aufgrund der entsprechenden Rentenanpassungsverordnung zu berücksichtigen, wenn diese Leistungen aufgrund einer regelmäßigen Anpassung geändert werden.

Aufgaben zur Selbstüberprüfung:

21. Nennen Sie die Leistungen an Waisen, die die Rente beeinflussen.
22. Benennen Sie den Teil der Rente, auf den die Anrechnung erfolgt.
23. Von welchem Elternteil stammt ein Waisengeld, wenn § 92 SGB VI keine Anwendung findet?
24. Zu welchem Zeitpunkt sind Änderungen der die Höhe der Waisenrente beeinflussenden Leistungen zu berücksichtigen?

7. Rente und Leistungen aus der Unfallversicherung

Lernziel:

> Sie können die Tatbestände für die Anwendung des § 93 SGB VI erkennen und die für die Berechnung rechtserheblichen Sachverhalte und Daten feststellen.

Rechtsgrundlage

Gemäß § 93 SGB VI ist die Rente aus der gesetzlichen Rentenversicherung dann nicht oder nur vermindert zu leisten, wenn neben dem Anspruch auf Rente aus der gesetzlichen Rentenversicherung ein Anspruch auf Verletztenrente oder Hinterbliebenenrente aus der gesetzlichen Unfallversicherung besteht und beide Ansprüche zusammen einen individuell zu ermittelnden Grenzbetrag übersteigen. Durch diese Regelung wird sichergestellt, daß Berechtigte, die aufgrund eines entschädigungspflichtigen Arbeitsunfalles oder eines gleichstehenden Leistungsfalles der gesetzlichen Unfallversicherung hinsichtlich ihres Einkommens nicht besser gestellt werden, als in der Zeit aktiver Tätigkeit. Zur Anwendung des § 93 SGB VI kommt es nur, wenn gleichartige Renten zusammentreffen. Der Bezug nicht gleichartiger Renten, wie zum Beispiel Bezug einer Rente aus eigener Versicherung und gleichzeitiger Bezug einer abgeleiteten Hinterbliebenenrente aus der gesetzlichen Unfallversicherung, führt nicht zur Anwendung von § 93 SGB VI.

7.1 Renten aus eigener Versicherung (Rentenversicherung) und Verletztenrente (Unfallversicherung)

1. Gesetzliche Rentenversicherung

Betroffene Ansprüche

Im Bereich der gesetzlichen Rentenversicherung sind alle Rentenansprüche betroffen, die aus eigener Versicherung geltend gemacht werden können. Hierbei ist es unerheblich, ob es sich um Renten wegen verminderter Erwerbsfähigkeit, Erziehungsrente oder um Altersrenten handelt. Hierzu gehört auch die Knappschaftsausgleichsleistung gemäß § 239 SGB VI. Es ist nur zu beachten, daß der Arbeitsunfall oder gleichstehende Leistungsfall der Unfallversicherung vor Eintritt oder am Tage des Eintritts der Minderung der Erwerbsfähigkeit bzw. vor Rentenbeginn (bei Renten wegen Alters) gelegen hat.

2. Gesetzliche Unfallversicherung

Betroffen ist ausschließlich die Verletztenrente bzw. gleichstehende Renten (vgl. Abschnitt 7.7) aus der gesetzlichen Unfallversicherung. Wann ein Anspruch auf Verletztenrente aus der gesetzlichen Unfallversicherung besteht, richtet sich nach § 547 der Reichsversicherungsordnung (RVO). Danach besteht unter anderem Anspruch auf Verletztenrente, wenn ein Versicherter einen Arbeitsunfall erlitten hat. Ein Arbeitsunfall liegt vor, wenn ein Versicherter bei einer versicherten Tätigkeit einen Unfall erleidet. Einem Arbeitsunfall stehen gleich:

- die Berufserkrankung,
- der Unfall mit Arbeitsgerät,
- der Wegeunfall.

Gleichstehende Leistungsfälle

Die Leistungen der gesetzlichen Unfallversicherung werden von Amts wegen erbracht (§ 19 Satz 2 SGB IV). Zuständig für die Feststellung und Zahlung der Leistung sind die in § 22 Abs. 2 SGB I genannten Träger der gesetzlichen Unfallversicherung.

Andere Leistungen der gesetzlichen Unfallversicherung haben keinen Einfluß auf die Höhe der Rente aus eigener Versicherung aus der gesetzlichen Rentenversicherung.

Leistungen der privaten Unfallversicherung haben ebenfalls keinen Einfluß auf die Höhe der Rente aus der gesetzlichen Rentenversicherung.

Ausländische Leistungen

Leistungen ausländischer gesetzlicher Unfallversicherungsträger beeinflussen die Rente aus der gesetzlichen Rentenversicherung.

7.2 Hinterbliebenenrente (Rentenversicherung) und Hinterbliebenenrente (Unfallversicherung)

1. Gesetzliche Rentenversicherung

Betroffene Ansprüche

Betroffen sind die im SGB VI aufgeführten Renten an Hinterbliebene. Die Erziehungsrente nach § 47 SGB VI ist keine Hinterbliebenenrente (vgl. Abschnitt 7.1).

2. Gesetzliche Unfallversicherung

Betroffen sind folgende Renten:

- Witwen- und Witwerrente (§ 590 RVO),
- Waisenrente (§ 595 RVO),
- Hinterbliebenenrente wegen Verschollenheit (§ 597 RVO),
- Witwen- und Witwerrente an den geschiedenen Ehegatten (§ 592 RVO).

Wie die gesetzliche Rentenversicherung kennt die gesetzliche Unfallversicherung die Unterscheidung in „kleine“ und „große“ Witwen- und Witwerrente, ohne daß diese Unterscheidung ausdrücklich im Gesetz so bezeichnet wird. Diese Unterscheidung findet auch Anwendung bei den Leistungen an den geschiedenen Ehegatten.

7.3 Höhe der Leistung aus der gesetzlichen Unfallversicherung

7.3.1 Jahresarbeitsverdienst und Grad der Minderung der Erwerbsfähigkeit

Die Berechnung der Leistung aus der gesetzlichen Unfallversicherung ist von:

- der Höhe des Jahresarbeitsverdienstes und
- dem Grad der Minderung der Erwerbsfähigkeit abhängig.

Jahresarbeitsverdienst

Der Jahresarbeitsverdienst richtet sich grundsätzlich nach dem im Jahr vor dem Unfall erzielten Gesamtbetrag aller Arbeitsentgelte und Arbeitseinkommen. Hiervon gibt es fallbezogen Abweichungen für bestimmte Personengruppen, die dem Schutz der gesetzlichen Unfallversicherung unterstellt wurden (zum Beispiel Schüler, Studenten, Blutspender etc.). Hierauf soll aber nicht eingegangen werden.

Es ist ein Mindest-Jahresarbeitsverdienst zu beachten, der zwischen 40 und 60 v. H. der Bezugsgröße (§ 18 SGB IV) liegt. Ebenso gilt es einen Höchst-Jahresarbeitsverdienst zu beachten, der je nach Berufsgenossenschaft unterschiedlich hoch ist und durch Satzung der jeweiligen Berufsgenossenschaft festgelegt wird.

Minderung der Erwerbsfähigkeit

Der Grad der Minderung der Erwerbsfähigkeit wird in einem Prozentsatz ausgedrückt und richtet sich nach der Schwere der Verletzung bzw. der Erkrankung.

7.3.2 Höhe der einzelnen Renten der gesetzlichen Unfallversicherung

1. Verletztenrente

Berechnung der Rente

Bei einer Minderung der Erwerbsfähigkeit (MdE) in Höhe von 100 v. H. wird eine jährliche Verletztenrente in Höhe von zwei Drittel des Jahresarbeitsverdienstes gewährt (vgl. auch Tabelle 1). Das ist die Vollrente.

Beispiel:

Jahresarbeitsverdienst: 54 000,00 DM
Minderung der Erwerbsfähigkeit: 100 v. H.
Wie hoch ist die jährliche Vollrente und wie hoch ist die monatliche Unfallrente?

Lösung:

Die Vollrente beträgt zwei Drittel des Jahresarbeitsverdienstes:

54 000,00 DM × 2 : 3 = 36 000,00 DM Jahresvollrente
36 000,00 DM : 12 = 3 000,00 DM monatliche Unfallrente

Ist die Minderung der Erwerbsfähigkeit geringer als 100 v. H, beträgt sie aber mindestens ein Fünftel (20 v. H.), wird als Verletztenrente der Teil der Vollrente gezahlt, der dem Grad der Erwerbsminderung entspricht.

Beispiel:

Jahresarbeitsverdienst: 54 000,00 DM
Minderung der Erwerbsfähigkeit 70 v. H.
Wie hoch ist die monatliche Unfallrente?

Lösung:

Die Verletztenrente beträgt 70 v. H. der Vollrente. Die Vollrente beträgt zwei Drittel des Jahresarbeitsverdienstes:

54 000,00 DM × 2 : 3 = 36 000,00 DM

Da die Minderung der Erwerbsfähigkeit geringer ist als 100 v. H., ist der Teil der Vollrente zu ermitteln, der dem Grad der Minderung der Erwerbsfähigkeit entspricht:

70 v. H. von 36 000,00 DM = 25 200,00 DM Jahresvollrente
25 200,00 DM : 12 = 2 100,00 DM monatliche Unfallrente.

b) Renten an Hinterbliebene

Rentenhöhe an Hinterbliebene

Bei Renten an Hinterbliebene ist ein Grad der Minderung der Erwerbsfähigkeit nicht festzustellen. Die Höhe der Rente an Hinterbliebene orientiert sich ausschließlich an dem Jahresarbeitsverdienst und beträgt entsprechend dem Stand des/der Hinterbliebenen zwischen einem Fünftel und drei Zehntel des Jahresarbeitsverdienstes (vgl. Tabelle 1). Für Witwen und Witwer wird für die ersten drei Monate (nicht Kalendermonate) eine Überbrückungshilfe in Höhe der Vollrente gewährt (§ 591 RVO).

Tabelle 1: Zusammenstellung aller Rentenhöhen der gesetzlichen Unfallversicherung

Rentenart	Anteil am Jahresarbeitsverdienst	Anteil (v. H.) an der Vollrente
Verletztenvollrente	2/3	–
Verletztenteilrente	nach Grad der MdE[1)]	wie Grad der MdE
Kleine Witwenrente	3/10	45 v. H.
Große Witwenrente	2/5	60 v. H.
Überbrückungshilfe	2/3	100 v. H.
Halbwaisenrente	1/5	30 v. H.
Vollwaisenrente	3/10	45 v. H.

1) Minderung der Erwerbsfähigkeit

7.3.3 Nicht zu berücksichtigende Leistungsteile

Anrechnungsfreie Leistungen

Sowohl die Rente der gesetzlichen Rentenversicherung als auch die Rente der gesetzlichen Unfallversicherung enthalten gegebenenfalls Leistungsteile, die dem Berechtigten bei Anwendung von § 93 SGB VI anrechnungsfrei verbleiben sollen. Zu den anrechnungsfreien Leistungen gehören:

1. Der Teil der Rente, der auf ständigen Arbeiten unter Tage beruht (§ 85 SGB VI) – knappschaftlicher Leistungsanteil.
2. 15. v. H. des verbleibenden knappschaftlichen Leistungsanteils nach Abzug von 1.) oder soweit Zuschläge für ständige Arbeiten unter Tage nicht zu gewähren sind, 15 v. H. des originären knappschaftlichen Leistungsanteils.
3. Der Grundrentenanteil nach dem Bundesversorgungsgesetz entsprechend dem gleichen Grad der Minderung der Erwerbsfähigkeit.
4. Zusatzleistungen (§ 269 SGB VI – Leistungsanteile der Höherversicherung).
5. Leistungsteile der Unfallversicherung, wenn aufgrund einer entschädigungspflichtigen Silikose/Silikose-Tuberkulose eine Unfallrente gezahlt wird und die Minderung der Erwerbsfähigkeit mindestens 60 v. H. beträgt.
6. Kinderbezogene Zusatzleistungen der Rentenversicherung (§ 270 SGB VI), Kinderzulage der Unfallversicherung (§ 583 RVO).

Zu 1. und 2.

Arbeiten unter Tage

Gemäß § 85 SGB VI werden zusätzliche Entgeltpunkte gewährt, wenn der Versicherte mindestens sechs Jahre mit ständigen Arbeiten unter Tage beschäftigt war. Dieser Leistungsanteil soll dem Versicherten anrechnungsfrei verbleiben. Ebenso wird vom knappschaftlichen Leistungsanteil ein Wert von 15 v. H. des nach Abzug des „Untertagezuschlages" verbleibenden Anteils als anrechnungsfrei dem Versicherten belassen (vgl. auch Studientexte Nr. 34 und 35 „Knappschaftsrecht I und II").

Zu 3.

Grundrentenanteil

Dem Anteil der Verletztenrente in Höhe des Grundrentenanteils wird keine Entgeltersatzfunktion zugeordnet; er soll daher dem Berechtigten anrechnungsfrei verbleiben. Da die Grundrente nach dem BVG grundsätzlich erst ab einer Minderung der Erwerbsfähigkeit von 30 v. H. gewährt wird, bedurfte es für die darunter liegende Minderung der Erwerbsfähigkeit einer besonderen Regelung. Paragraph 93 Abs. 2 SGB VI ordnet an, daß bei einer Erwerbsminderung von weniger als 30 v. H. ein bestimmter Vomhundertsatz von der Verletztenrente abzuziehen ist.

Dieser beträgt bei Minderung der Erwerbsfähigkeit

um 10 v. H. = ein Drittel der Mindestgrundrente;

um 20 v. H. = zwei Drittel der Mindestgrundrente.

Die Mindestgrundrente beträgt ab 1. Juli 1992 monatlich für die alten Bundesländer 195,00 DM, für die neuen Bundesländer 122,00 DM. Die von der Verletztenrente abzuziehenden Monatsbeträge ergeben sich für die Zeit vom 1. 7. 1992 bis zum 30. 6. 1993 aus Tabelle 2.

Tabelle 2: Abzugsbetrag und Grad der Minderung der Erwerbsfähigkeit

	(Wohnsitz am 18. 5. 1990 **nicht** im Beitrittsgebiet		(Wohnsitz am 18. 5. 1990 im Beitrittsgebiet)	
Grad der Erwerbsminderung in v. H.	Für die Zeit vom 1. 7. 1992 bis 30. 6. 1993	Alterserhöhungsbetrag[1)]	Für die Zeit vom 1. 7. 1992 bis 30. 6. 1993	Alterserhöhungsbetrag[1)]
10	65,00 DM	–	40,67 DM	–
15 bis 20	131,00 DM	–	81,33 DM	–
25 bis 30	196,00 DM	–	122,00 DM	–
35 bis 40	266,00 DM	–	166,00 DM	–
45 bis 50	360,00 DM	39,00 DM	224,00 DM	24,00 DM
55 bis 60	455,00 DM	39,00 DM	283,00 DM	24,00 DM
65 bis 70	629,00 DM	49,00 DM	392,00 DM	31,00 DM
75 bis 80	762,00 DM	49,00 DM	474,00 DM	31,00 DM
85 bis 90	912,00 DM	62,00 DM	568,00 DM	39,00 DM
mehr als 90	1028,00 DM	62,00 DM	640,00 DM	39,00 DM

1) Bei einem Verletzten, der das 65. Lebensjahr vollendet hat und bei dem eine Minderung der Erwerbsfähigkeit von mindestens 50 v. H. vorliegt, verringert sich das aus der Verletztenrente zu berücksichtigende Einkommen zusätzlich um die genannten Beträge.

Zu 4.

Höherversicherung

Bei dem Leistungsanteil der Höherversicherung handelt es sich nicht um einen Rententeil, sondern um eine zusätzliche Leistung. Da § 93 Abs. 1 aber nur von der Rente spricht, wird diese Leistung gemäß § 269 SGB VI nicht berücksichtigt.

Zu 5.

Silikose

Beträgt die Minderung der Erwerbsfähigkeit mindestens 60 v. H. und wird die Verletztenrente aufgrund einer Entschädigungspflichtigen Silikose oder Silikose/Tuberkulose gewährt, ist für jeden Prozentpunkt ein Wert von 16,67 v. H. des jeweils aktuellen Rentenwertes anrechnungsfrei.

Hieraus ergibt sich die Formel:

$$\text{Freibetrag} = \frac{\text{Vomhundertsatz der MdE (mindestens 60 v. H.)} \times \text{ARW} \times 16{,}67}{100}$$

Beispiel:

Die Voraussetzungen gemäß § 93 Abs. 2 Ziffer 2 Buchstabe b SGB VI sind erfüllt; die Minderung der Erwerbsfähigkeit beträgt:

a) 100 v. H.

b) 60 v. H.

Wie hoch sind die Freibeträge?

Lösung:

Zunächst sind 16,67 v. H. des aktuellen Rentenwertes zu ermitteln; der aktuelle Rentenwert beträgt bis 30. 6. 1993 monatlich 42,63 DM.

$42{,}63 \times 16{,}67 : 100 = 7{,}1064$

a) der Freibetrag beträgt 710,64 DM $\left(\frac{100 \times 42{,}63 \times 16{,}67}{100} \right)$.

b) der Freibetrag beträgt 426,38 DM $\left(\frac{60 \times 42{,}63 \times 16{,}67}{100} \right)$.

Zu 6.

Kinderzulage Kinderzuschuß

Es bleiben sowohl die Kinderzulage aus der gesetzlichen Unfall-Versicherung nach § 267 SGB VI als auch der Kinderzuschuß nach § 270 SGB VI unberücksichtigt. Der Kinderzuschuß bleibt außer Ansatz, weil es sich hierbei um eine Zusatzleistung zur Rente handelt.

7.4 Grenzbetrag

Grenzbetrag

Der Grenzbetrag, bis zu dem beide Leistungen höchstens zu gewähren sind, ergibt sich aus dem Jahresarbeitsverdienst der gesetzlichen Unfallversicherung. Weil der Jahresarbeitsverdienst ein individueller Wert ist, ist der Grenzbetrag für jeden einzelnen Berechtigten zu ermitteln und beträgt 70 v. H. des auf einen Monat berechneten Jahresarbeitsverdienstes; das Ergebnis ist dann mit dem jeweiligen Rentenartfaktor, der der Berechnung der Rente aus der gesetzlichen Rentenversicherung zugrunde liegt, zu multiplizieren.

Hieraus ergibt sich die Formel:

Grenzbetrag = $^1/_{12}$ Jahresarbeitsverdienst × Rentenartfaktor × 70 v. H.

Beispiel:

Jahresarbeitsverdienst 54 000,00 DM; es wird eine Verletztenrente und eine Rente wegen

a) Erwerbsunfähigkeit

b) Berufsunfähigkeit gewährt.

Wie hoch sind die Grenzbeträge?

Lösung:

Der Grenzbetrag beträgt 70 v. H. eines Zwölftels des Jahresarbeitsverdienstes multipliziert mit dem Rentenartfaktor.

a) 54 000,00 DM : 12 = 4 500,00 DM × 70 v. H. × 1,0 = 3 150,00 DM

b) 54 000,00 DM : 12 = 4 500,00 DM × 70 v. H. × 0,6667 = 2 100,11 DM

Im Fall a) beträgt der Grenzbetrag 3 150,00 DM und im Fall b) beträgt der Grenzbetrag 2 100,11 DM.

Mindestgrenzbetrag

Die Regelungen über den Mindestgrenzbetrag (§ 93 Abs. 3 Satz 2 SGB VI) sind zu beachten.

7.5 Berechnung der Zahlbetragsbegrenzung

Nicht zu leistende Beträge

Maßgebender Rentenbetrag

Gemäß § 93 Abs. 1 SGB VI ist ein Betrag aus der Rente der gesetzlichen Rentenversicherung nicht zu leisten, wenn beide Leistungen (Rente aus der Rentenversicherung und Unfallversicherung) den Grenzbetrag übersteigen. Hierbei ist wiederum die Rangfolge aus § 98 SGB VI zu beachten, das heißt es ist als Rente aus der gesetzlichen Rentenversicherung der unter Berücksichtigung der in Abschnitt 7.3 dargestellten Sachverhalte und zusätzlich noch nach § 98 SGB VI (also nach Versorgungsausgleich, Auslandszahlungsregelungen, Aufteilung von Renten auf mehrere Berechtigte und bei Waisenrenten nach Anwendung von § 92 SGB VI) errechnete Betrag zu berücksichtigen. Nach Anwendung von § 93 SGB VI sind die weiteren in § 98 SGB VI enthaltenen Nichtleistungsvorschriften anzuwenden.

Beispiel:

Ein Versicherter hat Anspruch auf eine Rente wegen Erwerbsunfähigkeit in Höhe von 2 000,00 DM monatlich vom 1. 2. 1993 an. Gleichzeitig besteht ab 1. 2. 1993 Anspruch auf eine Verletztenrente in Höhe von 1 000,00 DM; der zugrunde gelegte Jahresarbeitsverdienst beträgt 45 000,00 DM, der Grad der Minderung der Erwerbsfähigkeit beträgt 40 v. H. Der gewöhnliche Aufenthalt war am 18. 5. 1990 in den alten Bundesländern.
In welcher Höhe ist die Rente der gesetzlichen Rentenversicherung zu zahlen?

Lösung:

Zunächst ist die Höhe der anzurechnenden Verletztenrente zu ermitteln. Gemäß § 93 Abs. 2 Ziffer 2 Buchstabe a SGB VI ist der Betrag, der als Grundrente nach dem BVG gezahlt würde, abzusetzen. Dieser beträgt monatlich 266,00 DM.
1 000,00 DM ./. 266,00 DM = 734,00 DM anzurechnender Betrag. Die Erwerbsunfähigkeitsrente ist in voller Höhe zu berücksichtigen. Insgesamt sind also 2 734,00 DM zu berücksichtigen.

Weiterhin ist der Grenzbetrag zu ermitteln. Dieser beträgt nach § 93 Abs. 3 SGB VI 70 v. H. eines Zwölftels des Jahresarbeitsverdienstes, multipliziert mit dem Rentenartfaktor. 45 000,00 DM : 12 = 3 750,00 DM × 70 : 100 = 2 625,00 DM. Der Rentenartfaktor für die Rente wegen Erwerbsunfähigkeit beträgt gemäß § 67 Nr. 3 SGB VI 1,0.

2 625,00 DM × 1,0 = 2 625,00 DM Grenzbetrag.
Die Summe der Renten aus der Unfallversicherung und aus der Rentenversicherung (2 734,00 DM) übersteigen den Grenzbetrag (2 625,00 DM) um 109,00 DM.
Die monatliche Rente aus der gesetzlichen Rentenversicherung wird in Höhe des überschreitenden Betrages (109,00 DM) nicht geleistet, so daß tatsächlich nur ein Betrag aus der gesetzlichen Rentenversicherung in Höhe von 1 891,00 DM (brutto) zur Auszahlung kommt (2 000,00 DM ./. 109,00 DM = 1 891,00 DM; § 93 Abs. 1 SGB VI).

Mehrere Arbeitsunfälle

Hat ein Versicherter mehrere Arbeitsunfälle erlitten und werden auf Grund dieser Arbeitsunfälle mehrere Verletztenrenten gezahlt, sind die Verletztenrenten bei der Feststellung der anzurechnenden Beträge zu addieren. Dabei ist bei jeder Verletztenrente der Freibetrag nach dem BVG abzusetzen. Es wird allerdings nur ein Jahresarbeitsverdienst – und zwar der höchste – für die Feststellung des Grenzbetrages herangezogen.

7.6 Beginn und Ende der Berücksichtigung der Leistungen aus der gesetzlichen Unfallversicherung

7.6.1 Beginn

Zeitpunkt der Nichtleistung

Leistungen aus der gesetzlichen Unfallversicherung sind kraft Gesetzes zu berücksichtigen. Eines Antrages bedarf es nicht. Die Nichtleistung bestimmter, den Grenzbetrag überschreitender Beträge erfolgt immer von dem Zeitpunkt ab, zu dem die Leistungen zusammentreffen. Hier sind drei Möglichkeiten denkbar:

- Beide Leistungen beginnen an demselben Tag.
- Zu einer Rente der gesetzlichen Rentenversicherung tritt eine Verletztenrente der gesetzlichen Unfallversicherung hinzu.
- Zu einer Rente der gesetzlichen Unfallversicherung tritt eine Rente aus der gesetzlichen Rentenversicherung hinzu.

In allen Fällen ist ab dem zeitlichen Zusammentreffen § 93 SGB VI anzuwenden.

Beispiel:

Unfallrente ab 1. 3. 1993
Rente wegen Alters ab 1. 8. 1993

Lösung:

Beide Renten treffen ab 1. 8. 1993 zusammen. Ab diesem Zeitpunkt ist § 93 SGB VI anzuwenden.

Das gilt selbst dann, wenn wegen eines langen Streitverfahrens eine der zusammentreffenden Renten rückwirkend gewährt wird. Die Berechnung gemäß § 93 SGB VI wirkt sich auf die Rente der gesetzlichen Rentenversicherung dann ab Beginn des Kalendermonats aus, zu dem die Änderung wirksam geworden ist (§ 100 Abs. 1 SGB VI). Die Minderung der Rente setzt dann zu dem Zeitpunkt der Änderung der Verhältnisse – gegebenenfalls rückwirkend – ein. Hier liegt dann ein Fall des § 48 Abs. 1 Satz 2 Ziffer 3 und Satz 3 SGB X vor. Der ursprüngliche Bescheid ist aufzuheben. Sollte der Rentenversicherungsträger Beträge zu Unrecht erbracht haben, besteht gegen den Unfallversicherungsträger ein Erstattungsanspruch gemäß § 103 SGB X. Die Träger der Unfallversicherung behalten in solchen Fällen die dort entstandene Nachzahlung zur Erfüllung des Erstattungsanspruchs ein.

7.6.2 Ende

Ende der Nichtleistung

Endet der Anspruch auf Rente aus der Unfallversicherung, liegt kein Grund mehr vor, § 93 SGB VI weiterhin anzuwenden. Da die Nichtleistungsvorschrift von Amts wegen anzuwenden ist, ist auch im Falle des Wegfalls des Anrechnungsgrundes ein Tätigwerden von Amts wegen erforderlich. Auch hier richtet sich der Beginn der höheren Leistung nach § 100 Abs. 1 SGB VI. Paragraph 48 Abs. 1 Satz 2 Ziffer 1 SGB X ist anzuwenden.

7.7 Gleichstehende Leistungen der gesetzlichen Unfallversicherung

Gemäß § 93 Abs. 4 SGB VI stehen einige Leistungen der gesetzlichen Unfallversicherung, die nicht immer als Geldleistung erbracht werden, bei Anwendung des § 93 SGB VI einer Rente aus der gesetzlichen Unfallversicherung gleich:

- **Zahlung einer Abfindung**

  Abfindung

  Hier wird die Zahlung der Unfallrente für den Zeitraum unterstellt, für den die Abfindung bestimmt ist. Bei der Anwendung von § 93 SGB VI sind zwischenzeitliche Erhöhungen im Bereich der Unfallversicherung zu berücksichtigen.

- **Aufnahme in ein Alters- oder Pflegeheim**

  Heimunterbringung

  Die Vorschriften der RVO sehen vor, daß anstelle der Rente oder eines Teils der Rente die Aufnahme in ein Alters- oder Pflegeheim gewährt werden kann. Für die Anwendung von § 93 SGB VI bedeutet dies, daß als Verletztenrente der Betrag zugrunde zu legen ist, den der Träger der Unfallversicherung zu zahlen hätte, wenn er dem Verletzten nicht die Aufnahme in ein Alters- oder Pflegeheim gewähren würde.

- **Leistungen gemäß § 10 Abs. 1 Entwicklungshelfergesetz (EhfG)**

  Entwicklungshelfer

  Hier handelt es sich um Leistungen des Bundes bei Leistungsfällen, die Entwicklungshelfer betreffen und für die die gesetzliche Unfallversicherung nicht einsteht, weil es sich um landestypische Gefahren und nicht um berufstypische Gefahren handelt; Paragraph 93 SGB VI ist gleichwohl anzuwenden.

- **Ausländische Unfallrenten**

  Ausländische Unfallrenten

  Entsprechen die Leistungen eines ausländischen Unfallversicherungsträgers den Leistungen der inländischen Unfallversicherung, sind diese Leistungen ebenfalls auf die Rente aus der gesetzlichen Rentenversicherung anzurechnen. Dies gilt auch dann, wenn die ausländische Leistung von dem Unternehmer selbst oder einem Privatunternehmer gewährt wird. Dabei gilt als Jahresarbeitsverdienst das 18fache der ausländischen Unfallrente. Wird im Ausland eine Teilrente gezahlt, ist für die Ermittlung des Jahresarbeitsverdienstes von dem Rentenbetrag auszugehen, der sich als Vollrente ergeben würde. Ausländische Beträge sind nach § 17a SGB IV in Deutsche Mark umzurechnen.

7.8 Keine Begrenzung der Rente in Sonderfällen

Arbeitsunfall nach Leistungsfall

Für zwei Sachverhalte hat der Gesetzgeber in § 93 Abs. 5 SGB VI vorgesehen, daß sich die Leistungen der gesetzlichen Unfallversicherung nicht auf die Rente aus der gesetzlichen Rentenversicherung auswirken.

(1) Arbeitsunfall nach Rentenbeginn bzw. nach Eintritt der Leistungsminderung

Maßgebend ist der Zeitpunkt, zu dem die Rente der gesetzlichen Rentenversicherung begonnen hat (bei Renten wegen Alters) bzw. zu dem die Leistungsminderung (Minderung der Erwerbsfähigkeit) eingetreten ist. Liegt der Arbeitsunfall, der zur Unfallrente führt, danach, ist § 93 SGB VI anzuwenden.

(2) Eigene Beitragsleistung zur Unfallversicherung

Eigene Beitragsleistung

Gemäß § 543 RVO haben Unternehmer und ihre Ehegatten die Möglichkeit, sich in der gesetzlichen Unfallversicherung zu versichern. Die hierfür erforderlichen Beiträge müssen sie – im Gegensatz zu den Arbeitnehmern – allein tragen. Dafür soll im Leistungsfall aber keine „Kürzung" ihrer Rente eintreten.

7.9 Sonderregelungen

Vertrauensschutz für Bestandsrenten

Wenn am 31. 12. 1991 bereits ein Anspruch auf Rente aus der gesetzlichen Rentenversicherung und Unfallversicherung bestand, wird § 93 SGB VI durch die Vorschriften der §§ 266, 311 und 312 SGB VI ergänzt. Im wesentlichen wird durch diese Regelungen der Rechtszustand, der am 31. 12. 1991 bestand, weitergeführt. Bis zum 31. 12. 1991 sprach man von den sogenannten „Ruhensvorschriften", die, abhängig vom damaligen „Versicherungsfall", höhere Grenz-Beträge (80/85 v. H. bei Versichertenrenten, 48 v. H. bei Hinterbliebenenrenten) vorsahen. Zusätzlich wurde ein Erhöhungsbetrag in Höhe von 152,90 DM bei Halbwaisenrenten gezahlt. Dieser Rechtszustand soll aus Vertrauensschutzgründen über den 31. 12. 1991 hinaus fortgeführt werden.

Aufgaben zur Selbstüberprüfung:

25. Erläutern Sie die Ermittlung des Grenzbetrages.
26. Welche Leistungen der Unfallversicherung wirken sich auf die Renten der gesetzlichen Rentenversicherung aus?
27. In welcher Höhe erfolgt die Anrechnung bei Überschreiten des Grenzbetrages?
28. Nach welchen Faktoren wird eine Unfallrente berechnet?
29. Welche Leistungsteile bleiben bei der Rente aus der gesetzlichen Rentenversicherung unberücksichtigt?
30. Welche Faktoren werden der Berechnung nach § 93 SGB VI zugrunde gelegt, wenn der Berechtigte mehrere Arbeitsunfälle erlitten hat?
31. Nennen Sie drei Leistungen der gesetzlichen Unfallversicherung, die eine gleichartige Rente der gesetzlichen Rentenversicherung beeinflussen.
32. In welchen Fällen wirkt sich eine Rente aus der gesetzlichen Unfallversicherung nicht auf die Rente der gesetzlichen Rentenversicherung aus?

8. Rente wegen verminderter Erwerbsfähigkeit und Arbeitsentgelt oder Vorruhestandsgeld

Lernziel:

> Sie können die Auswirkung des Bezugs von Arbeitsentgelt oder Vorruhestandsgeld auf die Rente wegen verminderter Erwerbsfähigkeit feststellen.

8.1 Zusammentreffen von Rente und Arbeitsentgelt

Die Regelung des § 94 SGB VI soll verhindern, daß im Fall des Zusammentreffens von Rente wegen verminderter Erwerbsfähigkeit und Arbeitsentgelt für Zeiten, in denen eine Beschäftigung nicht ausgeübt wird, beide Einkommen nebeneinander bezogen werden, da der Sinn der Rente (grundsätzlich Unterhaltsersatzfunktion) ansonsten verfehlt wird.

8.1.1 Voraussetzung für die Anrechnung

Arbeitsentgelt und Rente

Die Anrechnung nach § 94 Abs. 1 SGB VI setzt voraus, daß:

- ein Anspruch auf eine Rente wegen Berufsunfähigkeit oder Erwerbsunfähigkeit besteht

  und

- Arbeitsentgelt aus einem vor Rentenbeginn aufgenommenen Beschäftigungsverhältnis **ohne** tatsächliche Ausübung einer Beschäftigung erzielt wird.

Betroffene Renten

Wie bereits zuvor dargestellt, ist § 94 Abs. 1 SGB VI nur anzuwenden, wenn eine Rente wegen Berufsunfähigkeit (§ 43 SGB VI) oder eine Rente wegen Erwerbsunfähigkeit (§ 44 SGB VI) zu leisten ist. Gemäß § 239 Abs. 3 Satz 1 SGB VI sind für die Feststellung und Zahlung der Knappschaftsausgleichsleistung die Vorschriften über die Rente wegen Erwerbsunfähigkeit (§ 44 SGB VI) mit Ausnahmen anzuwenden. Da aber Voraussetzung für die Knappschaftsausgleichsleistung das vollständige Ausscheiden aus dem knappschaftlichen Betrieb ist, wird es hier im Regelfall nicht zu einer Kollision von Leistung und Arbeitsentgelt kommen, weil das Arbeitsentgelt entfällt (vgl. auch Studientexte Nr. 34 und 35 „Knappschaftsrecht I und II").

Betroffene Arbeitsentgelte

Anzurechnen ist nur Arbeitsentgelt aus einem **vor** Rentenbeginn begonnenen Beschäftigungsverhältnis, wobei auf die tatsächlichen Verhältnisse zum Zeitpunkt des Rentenbeginnes, wie er sich aus §§ 99 Abs. 1, 101 Abs. 1 SGB VI – gegebenenfalls in Verbindung mit § 116 Abs. 1 SGB VI (Rentenausschluß) ergibt, abzustellen ist.

Arbeitsentgelt in diesem Sinne sind alle aus einem Beschäftigungsverhältnis erzielten laufenden Einnahmen. Die konkrete Bezeichnung und die Grundlage ihres Rechtsanspruches sind dabei ohne Bedeutung (§ 14 SGB VI). Hierzu gehören zum Beispiel:

- Lohn,
- Gehalt,
- Dienstbezüge (bei Beamten, Soldaten, DO-Angestellten),
- Krankenzuschuß (für Bedienstete der Unternehmensbereiche der Deutschen Bundespost).

Nicht angerechnet werden zum Beispiel:

- Krankenbezüge nach § 37 Abs. 2 BAT bzw. KnAT, die über die ersten zwei Monate der Rentenberechtigung hinaus gezahlt werden (diese gelten als Vorschuß auf die zu zahlende Rente und gehen im Wege des Erstattungsanspruches auf den Arbeitgeber über),
- Übergangsgeld nach §§ 62 ff. BAT, §§ 62 ff. KnAT,
- Leistungen der betrieblichen Altersversorgung,
- Leistungen mit Versorgungscharakter (Treueprämien),
- Abfindungen,
- Urlaubsabgeltungen,
- Zuschüsse des Arbeitgebers, die nicht zur Anrechnung auf oder Wegfall des Krankengeldes führen (vgl. § 49 Abs. 1 Nr. 1 SGB V).

Zeitliches Zusammentreffen

Eine Anrechnung ist aber nur dann vorzunehmen, wenn die Rente wegen Berufsunfähigkeit oder Erwerbsunfähigkeit zeitgleich mit dem Arbeitseinkommen gewährt wird. Wenn die Rente aufgrund tarifvertraglicher Regelungen auf das Arbeitsentgelt anzurechnen ist, liegt kein Fall des Zusammentreffens vor mit der Folge, daß § 94 Abs. 1 SGB VI nicht anzuwenden ist. Die Entscheidung hierüber trifft der Arbeitgeber oder Dienstherr nach Maßgabe der tarifvertraglichen oder gesetzlichen Regelungen.

8.1.2 Höhe des Anrechnungsbetrages

Höhe der Anrechnung

Auf die Rente wegen Berufsunfähigkeit bzw. Erwerbsunfähigkeit ist das Entgelt anzurechnen, das dem Versicherten tatsächlich verbleibt. Das ist das Nettoentgelt. Gesetzliche Abzüge im Sinne von § 94 Abs. 1 SGB VI sind die Beträge zur gesetzlichen Sozialversicherung (Rentenversicherung, Krankenversicherung, Arbeitslosenversicherung) sowie die abzuführenden Steuern (Lohn- und Einkommensteuer, Kirchensteuer). Maßgebend ist das aktuelle Nettoentgelt; wird im Rahmen des Steuerausgleiches die Steuerlast berichtigt, ist diese Berichtigung nur auf Antrag zu berücksichtigen.

Beispiel 1:

Rente wegen Berufsunfähigkeit wird ab 1. 4. 1993 gewährt. Aus einem vor Rentenbeginn begründeten Beschäftigungsverhältnis wird wegen Arbeitsunfähigkeit eine Fortzahlung des Entgelts für die Zeit vom 20. 3. 1993 bis 30. 4. 1993 geleistet. Das Nettoarbeitsentgelt beträgt 1 520,00 DM; die Rente beträgt 1 370,00 DM.
Welcher Rentenbetrag gelangt für April 1993 zur Auszahlung?

Lösung:

Ein zeitliches Zusammentreffen von Rente und Arbeitsentgelt ohne Arbeitsleistung aus einem vor Rentenbeginn begründeten Beschäftigungsverhältnis liegt für die Zeit vom 1. 4. 1993 bis 30. 4. 1993 vor. Das Nettoentgelt (1 520,00 DM) übersteigt die monatliche Rentenhöhe (1 370,00 DM), so daß für April 1993 ein Zahlbetrag nicht mehr verbleibt.

Beispiel 2:

Eine Rente wegen Berufsunfähigkeit wird ab 1. 4. 1993 gewährt. Aus einem vor Rentenbeginn begründeten Beschäftigungsverhältnis wird wegen Arbeitsunfähigkeit eine Fortzahlung des Entgelts für die Zeit vom 20. 3. 1993 bis 30. 4. 1993 geleistet. Das Nettoarbeitsentgelt beträgt 1 200,00 DM; die Rente beträgt 1 370,00 DM.
Welcher Rentenbetrag gelangt für April 1993 zur Auszahlung?

Lösung:

Ein zeitliches Zusammentreffen von Rente und Arbeitsentgelt ohne Arbeitsleistung aus einem vor Rentenbeginn begründeten Beschäftigungsverhältnis liegt für die Zeit vom 1. 4. 1993 bis 30. 4. 1993 vor. Das Nettoentgelt in Höhe von 1 200,00 DM ist auf die Rentenhöhe von 1 370,00 DM anzurechnen: 1 370,00 DM ./. 1 200,00 DM = 170,00 DM.
Für April 1993 ist ein Betrag von 170,00 DM als Rente wegen Berufsunfähigkeit zu leisten.

Zusatzleistung

Anrechnungsfrei sind die Leistungsanteile der Höherversicherung gemäß § 269 SGB VI, weil diese als Zusatzleistung bezeichnet werden und keine Rente darstellen. Übersteigt der Anrechnungsbetrag den Rentenbetrag, ist nur der Leistungsanteil der Höherversicherung anzuweisen.

8.1.3 Beginn und Ende der Anrechnung

Beginn der Anrechnung

Zeitpunkt der Anrechnung

Bestand bereits am Tage des Rentenbeginnes Anspruch auf das Arbeitsentgelt (ohne Arbeitsleistung), so ist die Anrechnung vom Rentenbeginn an vorzunehmen.

Tritt die Zahlung des Arbeitsentgeltes (ohne Arbeitsleistung) erst nach Rentenbeginn ein, richtet sich der Beginn der niedrigeren Rente nach § 100 Abs. 1 SGB VI. Die unter Berücksichtigung von § 94 Abs. 1 SGB VI errechnete Rente wird dann von dem Kalendermonat an geleistet, zu dessen Beginn die Änderung wirksam wird. Im Ergebnis ist das der Erste des Folgemonats.

Beispiel:

Rente wegen Berufsunfähigkeit ab 1. 5. 1993.

Fortzahlung des Entgelts vom 13. 4. bis zum 30. 5. 1993.

Lösung:

Die Anrechnung erfolgt ab Rentenbeginn, also ab 1. 5. 1993.

Beispiel 2:

Rente wegen Berufsunfähigkeit ab 1. 5. 1993.

Fortzahlung des Entgelts vom 7. 5. bis zum 17. 6. 1993.

Lösung:

Die Anrechnung erfolgt ab 1. 6. 1993, also ab Beginn des Monats, zu dessen Beginn die Änderung wirksam wird (§ 100 Abs. 1 SGB VI in Verbindung mit § 48 SGB X).

Ende der Anrechung

Die Anrechnung endet, wenn die Voraussetzungen hierfür entfallen. Das kann die tatsächliche Aufnahme der Beschäftigung oder aber der Wegfall der Entgeltfortzahlung mit nachfolgender Krankengeldzahlung sein. Andere Gründe sind denkbar. Auch hier liegt ein Sachverhalt vor, der gemäß § 100 Abs. 1 SGB VI zu beurteilen ist. Liegt der Wegfallgrund für die Anwendung von § 94 Abs. 1 SGB VI inmitten eines Monats, wird wegen der eindeutigen Regelung des § 100 Abs. 1 SGB VI die ohne die Anrechnung zu zahlende Rente erst zu Beginn des Monats geleistet, zu dessen Beginn die Änderung wirksam wird.

Beispiel:

Rentenbeginn am 1. 6. 1993.

Anrechnung gemäß § 94 Abs. 1 SGB VI für die Zeit vom 7. 5. 1993 bis zum 17. 6. 1993.

Lösung:

Obwohl der Anrechnungsgrund am 17. 6. 1993 entfallen ist, wird die ohne Anrechnungsbetrag errechnete Rente erst ab 1. 7. 1993 geleistet (§ 100 Abs. 1 SGB VI).

8.2 Zusammentreffen von Rente und Vorruhestandsgeld

Voraussetzung für die Anrechnung

Durch § 94 Abs. 2 SGB VI werden die Auswirkungen beim Zusammentreffen von Vorruhestandsgeld und Rente wegen verminderter Erwerbsfähigkeit geregelt. Grundvoraussetzung ist, daß das Beschäftigungsverhältnis, aus dem das Vorruhestandsgeld gewährt wird, vor dem Beginn der Rente begründet wurde. Weiterhin darf nach Rentenbeginn die Beschäftigung nicht ausgeübt worden sein.

Definition

Vorruhestandsgelder im Sinne von § 94 Abs. 2 SGB VI sind alle laufenden, regelmäßig wiederkehrenden Leistungen des Arbeitgebers, wenn sie aufgrund eines Tarifvertrages, einer Einzelvereinbarung oder sonstigen Vereinbarungen gewährt werden. Sinn dieses

Vorruhestandsgeldes ist es, einen (meistens wegen Alters) aus dem Beschäftigungsverhältnis ausscheidenden Arbeitnehmer wirtschaftlich zu sichern, bis dieser einen Rentenanspruch hat.

Dagegen sind Leistungen aus der betrieblichen Altersversorgung, Abfindungen bei Beendigung des Beschäftigungsverhältnisses sowie Leistungen aufgrund einer Altersteilzeit-Vereinbarung (§ 42 Abs. 3 SGB VI) kein Vorruhestandsgeld im Sinne von § 94 Abs. 2 SGB VI und führen nicht zur Anrechnung auf die Rente. Das Vorruhestandsgeld wird in den neuen Bundesländern von den Arbeitsämtern gezahlt.

Die Beschäftigung, die Grundlage für die Gewährung des Vorruhestandsgeldes ist, muß vor Rentenbeginn begonnen haben und darf ab Rentenbeginn nicht mehr ausgeübt werden. Wurde die Beschäftigung dann nach Rentenbeginn tatsächlich noch ausgeübt, ist § 94 Abs. 2 SGB VI auch für die Folgezeit nicht anzuwenden.

Beispiel 1:

Rente wegen Berufsunfähigkeit ab 1. 5. 1993.

Das Beschäftigungsverhältnis endet am 30. 9.1993 (bis zu diesem Tage wurde auch tatsächlich gearbeitet).

Vorruhestandsgeld wird gezahlt ab 1. 10. 1993.

Lösung:

Das Vorruhestandsgeld wirkt sich nicht auf die Rente wegen Berufsunfähigkeit aus, weil die Beschäftigung nach dem Rentenbeginn noch tatsächlich ausgeübt wurde.

Beispiel 2:

Rente wegen Berufsunfähigkeit ab 1. 8. 1993.

Das Beschäftigungsverhältnis endet am 31. 7. 1993 (Die Beschäftigung wurde bis dahin auch tatsächlich ausgeübt).

Vorruhestandsgeld wird gezahlt ab 1. 8. 1993.

Lösung:

Das Vorruhestandsgeld wirkt sich auf die Rente wegen Berufsunfähigkeit aus, weil die Beschäftigung nach Rentenbeginn tatsächlich nicht mehr ausgeübt wurde.

Betroffene Rentenansprüche

Nach dem Gesetzestext ist das Vorruhestandsgelt auf die Rente wegen verminderter Erwerbsfähigkeit anzurechnen. Hierzu gehören:

- Rente wegen Berufsunfähigkeit (§ 43 SGB VI);
- Rente wegen Erwerbsunfähigkeit (§ 44 SGB VI);
- Rente an Bergleute (§ 45 SGB VI).

Die Erziehungsrente nach § 47 SGB VI ist von der Anrechnung nicht betroffen, weil sie den Renten wegen Todes zuzuordnen ist.

Keine Anwendung findet § 94 Abs. 2 SGB VI, wenn es sich um eine umgewertete Rente nach § 302a SGB VI handelt, die als Rente wegen Berufsunfähigkeit oder Erwerbsunfähigkeit geleistet wird.

Anrechnungsbetrag

Bezüglich der Höhe des Anrechnungsbetrags und Beginn und Ende der Anrechnung wird auf die Abschnitte 8.1.2 und 8.1.3 verwiesen.

Aufgaben zur Selbstüberprüfung:

33. Nennen Sie die Voraussetzungen für die Anwendung von § 94 Abs. 1 SGB VI.
34. Welche Leistungen des Arbeitgebers wirken sich **nicht** auf § 94 Abs. 1 SGB VI aus?
35. In welcher Höhe ist die Anrechnung auf die Rente der gesetzlichen Rentenversicherung vorzunehmen?
36. Auf welche Rente der gesetzlichen Rentenversicherung ist das Vorruhestandsgeld anzurechnen?
37. Löst ein nach Rentenbeginn begonnenes Beschäftigungsverhältnis mit anschließender Zahlung des Vorruhestandsgeldes die Anwendung von § 94 Abs. 2 SGB VI aus?

9. Rente wegen verminderter Erwerbsfähigkeit und Arbeitslosengeld

Lernziel:

Sie können die Anrechnung von Arbeitslosengeld auf die Rente wegen verminderter Erwerbsfähigkeit durchführen bzw. die Tatbestände für die Nichtanrechnung prüfen.

Arbeitslosengeld und Rente sollen grundsätzlich nicht nebeneinander gezahlt werden, da beide Leistungen Unterhaltsersatzfunktion haben. Die Arbeitslosenhilfe ist von der Anrechnung nicht betroffen, da sie als einkommensabhängige Leistung nachrangig zu gewähren ist.

9.1 Voraussetzung für die Anrechnung

Betroffene Ansprüche

Voraussetzung für die Anrechnung von Arbeitslosengeld auf die Rente ist, daß zeitgleich ein Anspruch auf Rente wegen verminderter Erwerbsfähigkeit und Arbeitslosengeld besteht.

Renten wegen verminderter Erwerbsfähigkeit sind:

- Rente wegen Berufsunfähigkeit (§ 43 SGB VI);
- Rente wegen Erwerbsunfähigkeit (§ 44 SGB VI);
- Rente an Bergleute (§ 45 SGB VI).

Nicht jeder Anspruch auf Arbeitslosengeld führt zur Anrechnung. Maßgebend ist das vom Rentenversicherungsträger festgestellte Leistungsvermögen.

Leistungsvermögen

Verfügt der Versicherte über ein mindestens halbschichtiges Leistungsvermögen auf dem allgemeinen Arbeitsmarkt (mindestens 18 Stunden wöchentlich, vgl. auch Studientext Nr. 17 „Renten wegen verminderter Erwerbsfähigkeit") ist § 95 SGB VI anzuwenden, da dieser Versicherte auf dem allgemeinen Arbeitsmarkt vermittelbar ist. Liegt das Leistungsvermögen darunter, ist der Versicherte auf dem allgemeinen Arbeitsmarkt nicht mehr vermittelbar. Es gelten dann die Ausführungen zu Abschitt 9.4.1.

Unter welchen Voraussetzungen ein Anspruch auf Arbeitslosengeld besteht, richtet sich nach den Vorschriften des Arbeitsförderungsgesetzes (AFG). Neben dem Arbeitslosengeld nach §§ 100 ff. AFG werden auch das Eingliederungsgeld nach § 62a AFG sowie Leistungen nach § 105b AFG und § 249e AFG auf die Rente angerechnet. Grundsätzlich werden auch Leistungen einer ausländischen Arbeitslosenversicherung angerechnet. Maßgebend ist hier der Betrag, der dem deutschen Arbeitslosengeld entspricht, also ohne Bedürftigkeitsprüfung gewährt wird.

Nichtzahlung des Arbeitslosengeldes

Eine Anrechnung des Arbeitslosengeldes entfällt, wenn das Arbeitslosengeld in voller Höhe ruht, entzogen oder aber versagt wird. Mangels Leistung ergibt sich kein anrechenbarer Betrag. Wird ein gemindertes Arbeitslosengeld (wegen Anrechnung von Einkommen) gezahlt, ist nur der geminderte Betrag anzurechnen. Bei Verzicht auf Leistungen nach dem AFG ist § 95 SGB VI nicht anzuwenden.

9.2 Höhe des Arbeitslosengeldes

Maßgebender Betrag

Die Rente aus der gesetzlichen Rentenversicherung wird monatlich festgestellt; das Arbeitslosengeld wird dagegen wöchentlich berechnet. Da die Anrechnung auf die monatliche Rente erfolgt, ist die anzurechnende Leistung in einen monatlichen Betrag umzurechnen. Das geschieht nach der Formel:

Umrechnung

$$\text{Monatliches Arbeitslosengeld} = \frac{\text{Wöchentliches Arbeitslosengeld} \times 52}{12}$$

Das nach dieser Formel ermittelte Arbeitslosengeld ist von der monatlichen Bruttorente (ohne Leistungsanteile der Höherversicherung) abzuziehen.

Beispiel:

Zahlung von Arbeitslosengeld	18. 7. 1993
Ende des Anspruchs auf Arbeitslosengeld	14. 7. 1994
Höhe des wöchentlichen Arbeitslosengeldes	350,00 DM

Bewilligung der Rente wegen Berufsunfähigkeit in Höhe von 1 700,00 DM ab 1. 9. 1993.

Lösung:

Das monatlich anzurechnende Arbeitslosengeld beträgt 1 516,67 DM (350,00 × 52 : 12). Die Rente beträgt 1 700,00 DM.

1 700,00 DM ./. 1 516,67 DM = 183,33 DM zu zahlende Rente (brutto).

9.3 Beginn und Ende der Anrechnung

Beginn der Anrechnung

Zeitpunkt der Anrechnung

Es wird auf die Ausführungen zu Abschnitt 8.1.2 verwiesen. Sollte der Anspruch auf Arbeitslosengeld rückwirkend festgestellt werden, ist gegebenenfalls vom Zusammentreffen an (§ 100 Abs. 1 SGB VI ist zu beachten) die Anrechnung vorzunehmen. Hier entsteht gegenüber dem Arbeitsamt ein Erstattungsanspruch gemäß § 103 SGB X.

Ende der Anrechnung

Die Anrechnung ist nicht mehr vorzunehmen, wenn der Anrechnungsgrund (hier: das Arbeitslosengeld) wegfällt. Auch hier ist § 100 Abs. 1 SGB VI zu beachten. Im übrigen wird auf die Ausführungen zu Abschnitt 8.1.3 verwiesen.

Ändern sich Arbeitslosengeld oder Rentenhöhe im Laufe eines Monats, ist ab Beginn des Folgemonats eine neue Berechnung erforderlich. Wirkt die Änderung vom Ersten eines Monats an, ist die neue Berechnung ab Ersten dieses Monats bereits erforderlich.

9.4 Keine Anrechnung des Arbeitslosengeldes

Anrechnungsfrei

Paragraph 95 Satz 2 SGB VI nennt zwei Sachverhalte, bei denen das Arbeitslosengeld nicht auf die Rente wegen verminderter Erwerbsfähigkeit anzurechnen ist.

9.4.1 Arbeitslosengeld gemäß § 105a AFG

Vorläufiges Arbeitslosengeld

Gemäß § 105a AFG besteht ein Anspruch auf Arbeitslosengeld auch dann, wenn der Versicherte dem allgemeinen Arbeitsmarkt nicht zur Verfügung steht, weil das Leistungsvermögen auf dem allgemeinen Arbeitsmarkt nach Ansicht der Arbeitsverwaltung auf unter 18 Stunden pro Woche herabgesunken ist. Das Arbeitslosengeld wird bei diesem Sachverhalt nur vorläufig bis zur Feststellung der verminderten Erwerbsfähigkeit geleistet und löst bei tatsächlicher Feststellung der verminderten Erwerbsfähigkeit einen Erstattungsanspruch nach § 103 SGB X seitens der Arbeitsverwaltung aus. Die Feststellung, ob tatsächlich verminderte Erwerbsfähigkeit vorliegt, obliegt dem zuständigen Rentenversicherungsträger; die Arbeitsverwaltung wird der Auffassung der Rentenversicherer regelmäßig folgen.

9.4.2 Neue Anwartschaftszeit

Neue Anwartschaft

Bei Renten wegen Berufsunfähigkeit und Renten an Bergleute (§§ 43, 45 SGB VI) findet eine Anrechnung des Arbeitslosengeldes dann nicht statt, wenn ein Anspruch auf Arbeitslosengeld besteht, der auf einer erst nach Rentenbeginn erfüllten Anwartschaft beruht. Hierdurch wird der Zuschußcharakter der genannten Rentenarten besonders deutlich. Es wird durch diese Regelung erreicht, daß arbeitende Rentenbezieher (§§ 43, 45 SGB VI) bei Verlust ihres Arbeitsplatzes erneut Arbeitslosengeld beanspruchen können, ohne daß sich ihre Rente vermindert. Hier ist möglicherweise ein Erstattungsanspruch des Rentenversicherungsträgers gegen die Bundesanstalt für Arbeit nach § 103 SGB X zu beachten.

9.5 Sonderregelungen

Sonderregelung

Durch die Regelung des § 313 SGB VI wird sichergestellt, daß für Personen, die am 31. 12. 1991 einen zahlbaren Anspruch auf Rente wegen Berufsunfähigkeit/Rente für Bergleute und auf nicht anrechenbares Arbeitslosengeld hatten, die Rente über den 31. 12. 1991 hinaus bis zu ihrem endgültigen Wegfall neben dem Arbeitslosengeld unvermindert gezahlt wird.

Aufgaben zur Selbstüberprüfung:

38. Erläutern Sie, wann der Bezug von Arbeitslosengeld die Rentenhöhe beeinflußt.

39. Rechnen Sie 190,00 DM wöchentliches Arbeitslosengeld in einen Monatsbetrag um.

40. Nennen Sie zwei Sachverhalte, bei denen Arbeitslosengeld keinen Einfluß auf die Rentenhöhe hat.

10. Nachversicherte Versorgungsbezieher

Lernziel:

Sie können feststellen, ab welchem Zeitpunkt die Rente oder die erhöhte Rente an nachversicherte Versorgungsbezieher zu leisten ist.

Versicherungsfreie Beschäftigung

Scheiden Personen aus einer versicherungsfreien Beschäftigung aus, sind sie nach § 8 SGB VI in der gesetzlichen Rentenversicherung nachzuversichern. Dies gilt auch dann, wenn der Betreffende bereits Versorgungsbezüge erhalten hat (vgl. auch Studientext Nr. 7 „Nachversicherung").

Beginn der erhöhten Rente/ erstmaliger Rentenbeginn

Liegen Gründe für den Wegfall einer Versorgung vor – das beurteilt sich allein nach den entsprechenden versorgungsrechtlichen Vorschriften –, hat der Betreffende unter Berücksichtigung der Nachversicherung einen Anspruch auf Rente bzw. auf höhere Rente. Da dieser Anspruch möglicherweise rückwirkend entsteht, stellt § 96 SGB VI klar, daß die Rente oder die höhere Rente nach Einstellung der Versorgungsbezüge zu leisten ist. Damit werden Doppelversorgungen vermieden.

Aufgabe zur Selbstüberprüfung:

41. Erläutern und begründen Sie den Rentenbeginn aus der Nachversicherungsrente.

11. Einkommensanrechnung auf Renten wegen Todes

Lernziel:

Sie können bei Renten wegen Todes prüfen, ob Einkommen zu berücksichtigen ist und den Betrag errechnen, der auf die Renten anzurechnen ist.

11.1 Vorbemerkung

Die Anrechnung von Einkommen auf Renten wegen Todes resultiert aus einer Entscheidung des Bundesverfassungsgerichts aus dem Jahre 1975. Mit dieser Entscheidung wurde der Gesetzgeber aufgefordert, bis Ende 1984 eine Regelung zu treffen, die der geänderten Rolle der Frau (zunehmende Berufstätigkeit und dadurch Erwerb eigener Rentenanwartschaften) Rechnung trägt.

Ungleichbehandlung von Frau und Mann

Es sollte eine Ungleichbehandlung von Frau und Mann, die im wesentlichen in den unterschiedlichen Voraussetzungen für die Gewährung einer Hinterbliebenenversorgung bestand, vermieden werden. Nach dem seinerzeit geltenden Recht erhielt die Ehefrau ohne weitere Bedingungen eine Witwenrente aus der Versicherung des verstorbenen Ehemannes, wenn die Wartezeit erfüllt war. Der Ehemann hingegen erhielt nur dann eine Witwerrente aus der Versicherung der Ehefrau, wenn die Ehefrau den überwiegenden Unterhalt der Familie bestritten hatte.

HEZ-Gesetz

Im Wege der langjährigen Diskussion wurden verschiedene Modelle vorgeschlagen. Letztendlich ist mit dem am 1. 1. 1986 in Kraft getretenen Hinterbliebenenrenten- und Erziehungszeiten-Gesetz (HEZG) eine Hinterbliebenenrente für Mann und Frau – ohne weitere Bedingungen – eingeführt worden.

Allerdings wurden im Gegensatz zum bisherigen Recht nunmehr bestimmte Einkünfte, die über einem Freibetrag lagen, bei der Rente berücksichtigt. Da sich diese Regelungen überwiegend bei den Frauen negativ auswirkten, wurden Übergangsbestimmungen geschaffen, die die negativen Folgen für eine Übergangszeit abmildern sollten bzw. in bestimmten Fällen eine Wahlmöglichkeit des alten Rechts ermöglichten.

Die mit dem HEZG eingeführten Regelungen hinsichtlich der Einkommensanrechnung sind mit dem Rentenreformgesetz 1992 (SGB VI) übernommen und außerdem auf die Waisenrente an über 18 Jahre alte Kinder und Erziehungsrenten ausgedehnt worden.

11.2 Renten wegen Todes

Renten wegen Todes

Mit dem Rentenreformgesetz 1992 ist ab 1. 1. 1992 gemäß § 97 SGB VI Einkommen in einem bestimmten Umfang bei Renten wegen Todes anzurechnen. Diese Vorschrift ist gemäß § 300 Abs. 1 SGB VI auch auf Sachverhalte anzuwenden, die bereits vor dem 1. 1. 1992 eingetreten sind. Sollte eine Rente wegen Todes nach dem SGB VI-Recht für

Zeiten vor dem 1. 1. 1992 neu berechnet werden, so ist auch in diesen Fällen § 97 SGB VI anzuwenden (§ 300 Abs. 3 SGB VI); (vgl. Studientext Nr. 18 „Renten wegen Todes").

Renten im Sinne von § 97 SGB VI sind:

- Witwen- und Witwerrente (§ 46 Abs. 1 und 2 SGB VI),
- Witwen- und Witwerrente an vor dem 1. 7. 1977 geschiedene Ehegatten (§ 243 SGB VI),
- Witwen- und Witwerrenten an den vorletzten Ehegatten (§§ 46 Abs. 3 und 243 Abs. 3 SGB VI),
- Erziehungsrente (§ 47 SGB VI),
- Waisenrente an ein über 18 Jahre altes Kind (§ 48 SGB VI).

11.3 Einkommensanrechnung

Trifft Einkommen im Sinne von § 18a bis e SGB IV von Berechtigten, die Anspruch auf eine der oben genannten Renten haben, mit der Rente zusammen, dann wird dieses Einkommen auf die Rente angerechnet.

Paragraph 18 SGB IV regelt die **Art** des zu berücksichtigenden Einkommens (§ 18a SGB IV), die **Höhe** des zu berücksichtigenden Einkommens (§ 18b SGB IV), die **erstmalige Ermittlung** des Einkommens (§ 18c SGB IV), Einkommens**änderungen** (§ 18d SGB IV) und die **Ermittlung** von Einkommensänderungen (§ 18e SGB IV).

Einkommensanrechnung

Eine Einkommensanrechnung findet **nicht** statt bei Witwen- und Witwerrenten während der sogenannten Sterbeübergangszeit. Das ist die Zeit bis zum Ende des dritten Kalendermonats nach Ablauf des Monats, in dem der Ehegatte verstorben ist. Während dieser Zeit beträgt der Rentenartfaktor 1,0 (§ 97 Abs. 1 Satz 2 in Verbindung mit § 67 Nr. 5 und 6 SGB VI).

Beispiel:

Rentenbeginn gemäß § 99 Abs. 2 Satz 2 SGB VI (Todestag)	17. 5. 1993
Sterbeübergangszeit	17. 5. 1993 bis 31. 8. 1993

Die Einkommensanrechnung beginnt am 1. 9. 1993.

Diese günstige Regelung gilt allerdings nicht für:

- Erziehungsrente,
- Witwen- oder Witwerrente an vor dem 1. 7. 1977 geschiedene Ehegatten,
- Waisenrenten.

Zeitpunkt des Zusammentreffens

Bei diesen Renten ist die Einkommensanrechnung bereits ab dem Zeitpunkt des Zusammentreffens von Einkommen und Rente vorzunehmen.

Eine Einkommensanrechnung gemäß § 97 SGB VI kommt erst **nach** Anwendung der in § 98 Nr. 1 bis 7 SGB VI aufgeführten Berechnungsvorschriften in Betracht (§ 98 Nr. 8 SGB VI).

11.3.1 Freibeträge

Freibeträge

Anrechenbar ist das nach § 18a bis e SGB IV ermittelte Einkommen, das monatlich

- bei Witwenrenten, Witwerrenten oder Erziehungsrenten das 26,4fache des aktuellen Rentenwerts,
- bei Waisenrenten das 17,6fache des aktuellen Rentenwerts übersteigt (§ 97 Abs. 2 SGB VI).

Erhöhung nicht anrechenbares Einkommen

Das nicht anrechenbare Einkommen erhöht sich um das 5,6fache des aktuellen Rentenwerts für jedes Kind des Berechtigten, das Anspruch auf Waisenrente hat oder nur deshalb nicht hat, weil es nicht ein Kind des Verstorbenen ist.

Bei beiden Alternativen muß es sich um ein Kind des Rentenberechtigten im Sinne des § 48 Abs. 1 oder Abs. 3 SGB VI handeln (vgl. Studientext Nr. 18 „Renten wegen Todes").

Für die erste Alternative reicht ein tatsächlicher Anspruch auf Waisenrente, unabhängig aus wessen Versicherung diese Waisenrente gewährt wird. Es muß also keine Waisenrente aus der Versicherung des Verstorbenen sein.

Bei der zweiten Möglichkeit reicht es aus, wenn es sich um ein Kind des Berechtigten im Sinne des § 48 Abs. 1 oder Abs. 3 SGB VI gegebenenfalls in Verbindung mit § 48 Abs. 4 oder 5 SGB VI handelt. Es kommt nicht darauf an, ob ein Elternteil tatsächlich verstorben ist. Für ein nichteheliches nachgeborenes Kind oder nach dem Beginn der Einkommensanrechnung in den Haushalt des Berechtigten aufgenommenes Pflegekind erhöht sich das nichtanrechenbare Einkommen.

Aus der obigen Regelung ergibt sich somit ein Freibetrag, der sich aus dem x-fachen des aktuellen Rentenwerts ergibt und den Berechtigten als Einkommen neben der Rente verbleiben soll.

Aktueller Rentenwert

Der aktuelle Rentenwert ergibt sich aus §§ 68 und 69 SGB VI (West) bzw. § 255a SGB VI in Verbindung mit § 307b Abs. 2 SGB VI (Ost). Er beträgt ab 1. 7. 1992 42,63 DM (West) bzw. 26,57 DM (Ost).

Aufgrund der jährlichen Rentenanpassungen (§ 65 SGB VI) wird der aktuelle Rentenwert jeweils zum 1. 7. eines jeden Jahres bzw. im Beitrittsgebiet eventuell bereits früher durch den neuen aktuellen Rentenwert, der von der Bundesregierung durch Rechtsverordnung bestimmt wird, ersetzt.

Aktueller Rentenwert (Ost)

Nach § 228a Abs. 3 SGB VI ist hinsichtlich der Einkommensanrechnung der aktuelle Rentenwert Ost maßgebend, wenn der Rentenberechtigte seinen gewöhnlichen Aufenthalt im Beitrittsgebiet hat.

Formel zur Berechnung der Freibeträge:

Freibetrag	=	z-fache*	×	aktueller Rentenwert

* Bei Witwen-, Witwer- oder Erziehungsrenten 26,4; bei Waisenrenten 17,6. Für alle gilt Erhöhung um 5,6 je anrechenbarem Kind.

Der zu erhöhende Freibetrag ist bereits ab Beginn der Rente zu berücksichtigen, wenn der Sachverhalt bereits zu diesem Zeitpunkt vorliegt. Tritt der Sachverhalt erst nach Beginn der Rente ein, ist der erhöhte Freibetrag von dem Monat an zu berücksichtigen, zu dessen Beginn die Voraussetzungen erfüllt sind (§ 100 Abs. 1 SGB VI). Die Erhöhung endet mit Beginn des Kalendermonats, zu dessen Beginn die Voraussetzungen nicht mehr vorliegen (§ 100 Abs. 1 SGB VI).

Beispiel:

Einkommensanrechnung ab 1. 7. 1992 unter Berücksichtigung eines Freibetrages in Höhe von 1 125,43 DM (26,4fache des aktuellen Rentenwertes von 42,63 DM). Ab 1. 9. 1992 besteht für ein Kind des Berechtigten, welches bereits das 18. Lebensjahr vollendet hat, ein Anspruch auf Waisenrente wegen Berufsausbildung (§ 48 Abs. 4 Nr. 2 Buchstabe a SGB VI).

Der Freibetrag von 1 125,43 DM ist ab 1. 9. 1992 um 238,73 DM (5,6fache des aktuellen Rentenwerts von 42,63 DM) auf insgesamt 1 364,16 DM zu erhöhen.

Am 22. 12. 1992 wird die Berufsausbildung abgebrochen. Der erhöhte Freibetrag ist ab 1. 1. 1993 nicht mehr zu berücksichtigen.

11.3.2 Höhe des Anrechnungsbetrages

Höhe des Anrechnungsbetrages

Auf die jeweilige Rente wegen Todes sind 40 v. H. des Betrages anzurechnen, um den der entsprechende Freibetrag überschritten wird (§ 97 Abs. 2 Satz 3 SGB VI).

Die erforderlichen Berechnungen sind pfenniggenau durchzuführen. Hierbei sind die allgemeinen Berechnungsvorschriften (§ 123 Abs. 1 in Verbindung mit § 121 Abs. 2 SGB VI) zu beachten.

Beispiel zur Einkommensanrechnung:

Monatlicher Betrag der errechneten **Witwenrente:**		735,58 DM
Monatliches **Einkommen,** gemäß § 18a bis e SGB IV:	2 122,55 DM	
Abzüglich des maßgebenden **Freibetrages (26,4 x 42,63):** (Stand 1. 7. 1992)	1 125,43 DM	
Erhöhter Freibetrag:		
1. Kind (5,6 x 42,63)	238,73 DM	
2. Kind (5,6 x 42,63)	238,73 DM	
Anrechenbares Einkommen:	519,66 DM	
Davon sind gemäß § 97 Abs. 2 Satz 3 SGB VI **40 v.H.** bei der Rente anzurechnen:	·/·207,86 DM	·/·207,86 DM
Zu leistende Witwenrente nach Anwendung von § 97 SGB VI		**527,72 DM**

11.4 Rangfolge bei Anspruch auf mehrere Renten

Anspruch auf mehrere Renten wegen Todes

Hat ein Berechtigter Anspruch auf mehrere Renten wegen Todes, auf die ein Einkommen des Berechtigten anzurechnen ist, so ist das Einkommen zuerst auf die **Waisenrente,** dann auf die **Witwenrente oder Witwerrente** und zuletzt auf die **Witwenrente oder Witwerrente nach dem vorletzten Ehegatten** anzurechnen (§ 97 Abs. 3 Satz 1 SGB VI).

Der jeweilige Freibetrag ist nur einmal zu berücksichtigen. Es ist der Freibetrag maßgebend, der sich für die vorrangige Rente ergibt.

Zusammentreffen von Waisenrente und Witwenrente

Trifft eine Waisenrente und eine Witwenrente (zum Beispiel 23jährige Witwe, die aus der Versicherung des Ehemannes Anspruch auf Witwenrente und aus der Versicherung des verstorbenen Vaters Anspruch auf Waisenrente hat, weil sie sich in einer Berufsausbildung befindet) zusammen, dann ist das erzielte Einkommen vorrangig auf die Waisenrente unter Berücksichtigung des Freibetrages vom 17,6fachen des aktuellen Rentenwerts anzurechnen.

Zusammentreffen von Erziehungsrente und Hinterbliebenenrente

Trifft eine Erziehungsrente mit einer Hinterbliebenenrente zusammen, ist der Einkommensanrechnung auf die Hinterbliebenenrente das Einkommen zugrunde zu legen, das sich nach Durchführung der Einkommensanrechnung auf die Erziehungsrente ergibt (§ 97 Abs. 4 SGB VI).

Beispiel:

Monatlicher Betrag der errechneten **Erziehungsrente:**		380,16 DM	
Witwenrente nach dem vorletzten Ehegatten:			812,11 DM
Monatliches Einkommen gemäß § 18a bis e SGB IV:	1 856,60 DM		
Abzüglich des maßgebenden **Freibetrages (26,4 x 42,63):** (Stand 1. 7. 1992)	1 125,43 DM		
1 Kind (5,6 x 42,63)	238,73 DM		
Anrechenbares Einkommen:	492,44 DM		
Davon sind gemäß § 97 Abs. 2 Satz 3 SGB VI 40 v. H. vorrangig bei der **Erziehungsrente** anzurechnen:	196,976 DM	196,98 DM	
Zu leistende Erziehungsrente nach Anwendung von § 97 SGB VI:		**183,18 DM**	
183,18 DM Erziehungsrente davon 40 v. H. = 73,272 *			**73,27 DM**
Zu leistende Witwenrente nach Anwendung von § 97 SGB VI:			**738,84 DM**

* Da das anrechenbare Einkommen bereits in vollem Umfang bei der Erziehungsrente angerechnet wurde, ist von dem ermittelten Einkommen bei der Witwenrente kein Betrag anzurechnen; gemäß § 18 a SGB IV ist die Erziehungsrente jedoch auch Einkommen und muß daher mit 40 v. H. bei der Witwenrente angerechnet werden; eine erneute Berücksichtigung des Freibetrags ist nicht vorzunehmen.

Sollte neben der Erziehungsrente noch ein Anspruch auf Verletztenrente aus der Unfallversicherung bestehen, ist eine Kürzung gemäß § 93 SGB VI vorzunehmen (§ 98 Abs. 1 Nr. 5 vor Nr. 8 SGB VI). Da in diesem Fall bereits eine Anrechnung der Verletztenrente erfolgt, ist gemäß § 98 Abs. 1 Satz 2 SGB VI eine nochmalige Anrechnung gemäß § 97 SGB VI nicht zulässig.

Hinterbliebenenrente Rentenversicherung/Unfallversicherung

Besteht Anspruch auf eine Hinterbliebenenrente aus der Rentenversicherung und Hinterbliebenenrente aus der Unfallversicherung ist gemäß § 97 Abs. 3 Satz 2 und 3 SGB VI ein vorhandenes Einkommen **vorrangig** bei der Hinterbliebenenrente aus der Unfallversicherung anzurechnen. Die Einkommensanrechnung bei Renten aus der Unfallversicherung entspricht gemäß § 590 Abs. 3 bis 5 RVO den Regelungen des § 97 SGB VI im Rentenversicherungsrecht.

Sollte nach der Einkommensanrechnung durch den Unfallversicherungsträger die gesamte Hinterbliebenenrente gekürzt werden und ein anzurechnendes Einkommen verbleiben, ist dieses verbleibende Einkommen – ohne erneute Berücksichtigung eines Freibetrages – bei der Hinterbliebenenrente aus der Rentenversicherung anzurechnen.

11.5 Beginn und Ende der Einkommensanrechnung

Beginn und Ende der Einkommensanrechnung

Die nachfolgende Tabelle soll Ihnen anhand verschiedener Sachverhalte einen Überblick über Beginn und Ende sowie der rechtlichen Möglichkeiten für die Aufhebung von Bescheiden geben, falls Einkommen im Sinne von § 18a bis e SGB IV neben der Rente wegen Todes bezogen wird.

Tabelle 3: Beginn und Ende der Einkommensanrechnung

Sachverhalt	Lösung
Erstmaliges Zusammentreffen ab Rentenbeginn	Einkommensanrechnung ab Rentenbeginn
Erstmaliges Zusammentreffen nach dem Rentenbeginn innerhalb eines Monats, jedoch vor Bescheid	Einkommensanrechnung mit Beginn des Folgemonats § 100 Abs. 1 SGB VI
Erstmaliges Zusammentreffen nach dem Rentenbeginn innerhalb eines Monats, nach Bescheiderteilung	Einkommensanrechnung mit Beginn des Folgemonats § 100 Abs. 1 SGB VI in Verbindung mit § 48 Abs. 1 Nr. 3 SGB X
Erstmaliges Zusammentreffen nach dem Rentenbeginn am Monatsersten, jedoch vor Bescheiderteilung	Einkommensanrechnung mit Beginn des Monatsersten § 100 Abs. 1 SGB VI
Erstmaliges Zusammentreffen nach dem Rentenbeginn am Monatsersten, nach Bescheiderteilung	Einkommensanrechnung mit Beginn des Monatsersten § 100 Abs. 1 SGB VI in Verbindung mit § 48 Abs. 1 Nr. 3 SGB X
Nachträgliche Berichtigung von bereits berücksichtigtem Einkommen	Aufhebung des Bescheides unter Berücksichtigung von § 44 SGB X oder § 45 SGB X
Änderung des Freibetrages durch Hinzutritt eines Kindes	Erhöhung des Freibetrages ab Folgemonat oder ab Monatsersten, wenn Tatbestand am Ersten eines Monats vorliegt § 100 Abs. 1 SGB VI in Verbindung mit § 48 Abs. 1 Nr. 1 SGB X
Änderung des Freibetrages durch Wegfall eines Kindes	Verminderung des Freibetrages ab Folgemonat oder ab Monatsersten, wenn Tatbestand am Ersten eines Monats vorliegt § 100 Abs. 1 SGB VI in Verbindung mit § 48 Abs. 1 Nr. 4 SGB X
Wegfall von berücksichtigtem Einkommen	Aufhebung der Einkommensanrechnung gemäß § 100 Abs. 1 SGB VI in Verbindung mit § 48 Abs. 1 Nr. 1 SGB X
Nahtloser Wechsel von einer Einkommensart in eine andere Einkommensart	Aufhebung gemäß § 18d SGB IV in Verbindung mit § 100 Abs. 1 SGB VI
Verlegung des gewöhnlichen Aufenthalts in das Beitrittsgebiet	§ 228a Abs. 3 SGB VI ist zu beachten; der Bescheid über die Einkommensanrechnung ist gemäß § 100 Abs. 1 SGB VI in Verbindung mit § 48 Abs. 1 Nr. 4 SGB X aufzuheben.

Aufgaben zur Selbstüberprüfung:

42. Bei welchen Renten wegen Todes findet eine Einkommensanrechnung während der sogenannten Sterbeübergangszeit nicht statt?

43. Wie hoch ist der Freibetrag für eine Witwerrente (Aufenthaltsort in Hannover), sofern eine Einkommensanrechnung ab 1. 2. 1992 vorzunehmen ist?

44. Wie hoch ist der Freibetrag für eine Waisenrente (Aufenthalt in Hannover), sofern eine Einkommensanrechnung ab 1. 5. 1993 vorzunehmen ist?

45. Wie hoch ist der Freibetrag ab 1. 4. 1993 für eine Witwenrente, die vier eigene Kinder unter 18 Jahre erzieht und deren gewöhnlicher Aufenthaltsort sich in Halle befindet?

46. **Sachverhalt:**
Witwenrente ist ab 11. 1. 1993 zu gewähren. Die Witwe hat ein eigenes Kind im Alter von 22 Jahren, das sich in Schulausbildung befindet. Der Aufenthaltsort ist Hamburg. Es wurde ein monatliches Durchschnittseinkommen gemäß § 18a bis e SGB IV in Höhe von 3 455,50 DM ermittelt. Die Höhe der errechneten Witwenrente beträgt 1 345,58 DM monatlich. Ermitteln Sie die Rentenbeträge bis 30. 6. 1993.

47. Was ist im Hinblick auf die Einkommensanrechnung zu beachten, wenn eine Witwenrente aus der Rentenversicherung und eine Witwenrente aus der Unfallversicherung zusammentreffen?

48. Ab welchem Zeitpunkt ist eine Einkommensanrechnung vorzunehmen, wenn eine Witwenrente seit dem 1. 8. 1992 gezahlt wird und ab 22. 4. 1993 erstmalig Einkommen hinzutritt?

12. Art und Höhe des zu berücksichtigenden Einkommens

Lernziel:

Sie können das maßgebende Einkommen, das für die Einkommensanrechnung bei Renten wegen Todes zu berücksichtigen ist, bestimmen und berechnen.

Art und Höhe des maßgebenden Einkommens

In Kapitel 11 ist für die Einkommensanrechnung gemäß § 97 SGB VI das zu berücksichtigende Einkommen, das sich aus § 18a bis e SGB IV ergibt, jeweils vorgegeben worden. In diesem Kapitel sollen Sie im wesentlichen etwas über die Art der zu berücksichtigenden Einkommen und die jeweilige Berechnung der Höhe des für die Berechnung gemäß § 97 SGB VI maßgebenden Einkommens erfahren. Die Arten des zu berücksichtigenden Einkommens sind im § 18a SGB IV beschrieben. Die Höhe ist gemäß § 18b SGB IV zu berechnen. Bei den in § 18a SGB IV genannten Einkommen handelt es sich um Bruttoeinkommen. Dieses Bruttoeinkommen ist entsprechend § 18b SGB IV in Nettoeinkommen umzurechnen.

Bei einer Rente wegen Todes ist als Einkommen zu berücksichtigen:

- Erwerbseinkommen

  und

- Erwerbsersatzeinkommen mit Ausnahme von Zusatzleistungen (§ 18a Abs. 1 SGB IV).

12.1 Erwerbseinkommen

Erwerbseinkommen

Erwerbseinkommen sind **Arbeitsentgelt, Arbeitseinkommen** und **vergleichbares Einkommen.**

12.1.1 Arbeitsentgelt

Arbeitsentgelt

Arbeitsentgelte sind alle laufenden oder einmaligen Einnahmen aus einem Beschäftigungsverhältnis (§ 14 SGB IV). Ergänzende Regelungen beinhaltet die aufgrund des § 17 SGB IV ergangene Verordnung über die Bestimmung des Arbeitsentgelts in der Sozialversicherung (Arbeitsentgeltverordnung – ArEV). Unter Berücksichtigung dieser Arbeitsentgeltverordnung ist grundsätzlich davon auszugehen, daß alle Einnahmen aus einem Beschäftigungsverhältnis oder in diesem Zusammenhang gezahlte Leistungen (zum Beispiel Trinkgelder), die der Lohnsteuerpflicht unterliegen, zum Arbeitsentgelt zu rechnen sind. Da Beamte und diesen Gleichgestellte (zum Beispiel Dienstordnungsangestellte) sich ebenfalls im Sinne des Sozialversicherungsrechts in einem Beschäftigungsverhältnis befinden, sind auch deren Einkünfte als Arbeitsentgelt im Sinne des § 18a SGB IV anzusehen. Sollten aus dem Beschäftigungsverhältnis ausschließlich oder teilweise nicht nur eine Barvergütung, sondern Sachbezüge geleistet werden, dann sind auch die Sachbezüge Arbeitsentgelt. Eine Umrechnung der Sachbezüge in einen Geldbetrag erfolgt nach der jeweils maßgebenden Verordnung über den Wert der Sachbezüge in der Sozialversicherung, die jedes Jahr im voraus neu bestimmt wird. Arbeitsentgelte, die in ausländischer Währung gezahlt werden, sind nach § 17a SGB IV in DM umzurechnen. Arbeitsentgelte, die über der jeweiligen Beitragsbemessungsgrenze liegen und damit nicht der Sozialversicherungspflicht unterworfen sind, müssen bei der Einkommensanrechnung allerdings berücksichtigt werden.

Nachfolgende Auflistung soll eine beispielhafte Aufzählung von Einkünften, die als Arbeitsentgelt im Sinne von § 18a Abs. 2 SGB IV anzusehen sind, darstellen:

- Wochen- oder Monatslohn von Arbeitern,
- Bezüge von Beamten,
- Weihnachtsgeld,
- Urlaubsgeld.

12.1.2 Arbeitseinkommen

Arbeits-einkommen

Arbeitseinkommen ist der nach den allgemeinen Gewinnermittlungsvorschriften des Einkommensteuerrechts ermittelte Gewinn aus einer selbständigen Tätigkeit. Bei der Ermittlung des Gewinns sind steuerliche Vergünstigungen unberücksichtigt zu lassen und Veräußerungsgewinne abzuziehen (§ 15 SGB IV). Nach dieser Vorschrift wird somit der Gewinn und damit das zu berücksichtigende Arbeitseinkommen allein aufgrund der entsprechenden Regelungen im Steuerrecht ermittelt.

Folgende Einkunftsarten kommen nach § 2 Abs. 1 Nr. 1 bis 3 EStG hier in Betracht:

- Einkünfte aus Land- und Forstwirtschaft §§ 13 bis 14a EStG,
- Einkünfte aus Gewerbebetrieb §§ 15 bis 17 EStG,
- Einkünfte aus selbständiger Arbeit § 18 EStG.

Der aus diesen Einkunftsarten erzielte Gewinn ist das gemäß § 15 SGB IV maßgebende Arbeitseinkommen. Für die Einkommensanrechnung ist es unerheblich, ob der Rentenberechtigte mit oben genannten Einkünften der Rentenversicherungspflicht unterliegt oder nicht.

Zu den Selbständigen, die Einkünfte im obigen Sinne erzielen, gehören zum Beispiel:

- Gewerbetreibende,
- selbständige Land- oder Forstwirte,
- Kaufleute,
- Rechtsanwälte,
- Makler,
- selbständige Handelsvertreter,
- freipraktizierende Ärzte,
- Gesellschafter etc.

Auf Einzelheiten der Ermittlung von Gewinnen (Arbeitseinkommen) nach dem Steuerrecht wird nicht weiter eingegangen.

12.1.3 Vergleichbare Einkommen

Gemäß § 18a Abs. 2 SGB VI sind neben dem Arbeitsentgelt und dem Arbeitseinkommen auch vergleichbare Einkünfte Erwerbseinkommen, die bei Renten wegen Todes anzurechnen sind. Auch dieses Einkommen ist ohne Rücksicht auf irgendeine Beitragsbemessungsgrenze voll anzurechnen.

Vergleichbare Einkommen

Vergleichbare Einkommen sind zum Beispiel:

Vorruhestandgelder

Vorruhestandgelder sind Leistungen, die ein Arbeitgeber an aus dem Erwerbsleben ausgeschiedene Arbeitnehmer aufgrund von Verträgen (Tarifverträge, Einzelverträge) zahlt. Die Vorruhestandgelder werden in der Regel bis zu dem Zeitpunkt gezahlt, ab dem ein Anspruch auf eine Rente wegen Alters besteht, längstens bis zum Beginn der Regelaltersrente wegen Vollendung des 65. Lebensjahres.

Vorruhestandgelder

Überbrückungsgelder vom Arbeitgeber

Zu den Überbrückungsgeldern zählen im allgemeinen alle Zahlungen des Arbeitgebers an einen ausgeschiedenen Arbeitnehmer, die dieser als Aufstockungsbetrag zusätzlich zur Leistung des Arbeitsamtes oder anstelle der Leistungen des Arbeitsamtes für die Zeit bis zum Anspruch auf Rente wegen Alters zahlt. Hierzu gehören auch Leistungen, die einmalig oder laufend aufgrund eines Sozialplanes wegen der Auflösung des Arbeitsverhältnisses gezahlt werden.

Überbrückungsgelder vom Arbeitgeber

Entschädigung für Abgeordnete

Abgeordnete des Bundestages und der Landtage bzw. Senate erhalten sogenannte Diäten. Hierbei handelt es sich um eine Leistung, die den Verdienstausfall (Arbeitsentgelt aus abhängiger Beschäftigung oder Arbeitseinkommen aus selbständiger Tätigkeit), der durch Übernahme des Mandats eingetreten ist, ersetzen soll. Die Diäten sind daher dem Arbeitsentgelt und Arbeitseinkommen vergleichbar. Die außerdem an diese Personen gezahlten Aufwandsentschädigungen (Kostenpauschale für eigenes Büro, Sekretäre/innen, persönliche Referenten etc.) zählen jedoch nicht zum Einkommen.

Entschädigung für Abgeordnete

Bezüge aus einem öffentlich-rechtlichen Amtsverhältnis

Hierunter fallen nicht die Bezüge von Beamten, sondern von Personen, die nicht Beamte sind, aber sich in einem öffentlich-rechtlichen Amtsverhältnis befinden. Dies sind Minister, Senatoren und Parlamentarische Staatssekretäre.

Bezüge aus einem öffentlich-rechtlichen Amtsverhältnis

12.1.4 Ausländische Erwerbseinkommen

Ausländische Einkommen (Arbeitsentgelt oder Arbeitseinkommen) sind bei der Einkommensanrechnung wie inländische Einkommen zu behandeln. Vergleichbare ausländische Einkünfte (Vorruhestandgelder oder Überbrückungsgelder), die von einem ausländischen Arbeitgeber zur Überbrückung bis zum Ruhestand gezahlt werden, sind

Ausländische Einkommen

Umrechnung der ausländischen Einkommen

ebenfalls Einkommen im Sinne von § 18a Abs. 2 SGB IV. Die Umrechnung der ausländischen Einkommen erfolgt gemäß § 17a SGB IV.

Hiernach ist der Mittelkurs maßgebend, der an der Frankfurter Devisenbörse notiert wird (§ 17a Abs. 1 SGB IV). Es ist der Umrechnungskurs maßgebend, der für den ersten Monat des Kalendervierteljahres notiert wird, das dem Beginn der Berücksichtigung von Einkommen vorausgeht. Er ist dem vierteljährlich erscheinenden Heft der Deutschen Bundesbank zu entnehmen.

Beispiel:

Eine Einkommensanrechnung ist ab 1. 5. 1993 vorzunehmen. Maßgebend ist der Umrechnungskurs vom Januar 1993 (Kalendervierteljahr vor dem 1. 5. 1993 ist der Zeitraum vom 1. 1. bis 31. 3. 1993).

Besonderheiten bei der Umrechnung sind zu beachten bei Einkommen,

- die nicht an der Frankfurter Devisenbörse notiert werden (§ 17a Abs. 2 Satz 2 SGB IV),

  und
- bei Einkommen aus den EG-Staaten (nach Art. 107 der Verordnung 574/72 EWG).

Der jeweils angewandte Umrechnungskurs bleibt solange maßgebend, bis

1. die Sozialleistung zu ändern ist,
2. sich das zu berücksichtigende Einkommen ändert oder
3. eine Kursveränderung von mehr als 10 v. H. gegenüber der letzten Umrechnung eintritt (§ 17a Abs. 3 SGB IV).

12.2 Erwerbsersatzeinkommen

Erwerbsersatzeinkommen

Erwerbsersatzeinkommen sind gemäß § 18a Abs. 1 Nr. 2 SGB IV Leistungen, die aufgrund oder in entsprechender Anwendung öffentlich-rechtlicher Vorschriften erbracht werden, um Erwerbseinkommen zu ersetzen, mit Ausnahme von Zusatzleistungen.

Paragraph 18a Abs. 3 SGB IV enthält eine Aufzählung der für die Einkommensanrechnung maßgebenden Erwerbsersatzeinkommen.

Bei den maßgebenden Erwerbsersatzeinkommen ist im wesentlichen folgende Unterteilung vorzunehmen:

- **kurzfristige** Erwerbsersatzeinkommen (§ 18a Abs. 3 Nr. 1 SGB IV)
- **dauerhafte** Erwerbsersatzeinkommen (§ 18a Abs. 3 Nr. 2 bis 8 SGB IV)

12.2.1 Kurzfristige Erwerbsersatzeinkommen

Kurzfristige Erwerbsersatzeinkommen sind abschließend im § 18a Abs. 3 Nr. 1 SGB IV aufgezählt. Hier werden folgende kurzfristigen Erwerbsersatzeinkommen aufgeführt: Krankengeld, Verletztengeld, Versorgungskrankengeld, Mutterschaftsgeld, Übergangsgeld, Unterhaltsgeld, Kurzarbeitergeld, Schlechtwettergeld, Arbeitslosengeld und Konkursausfallgeld.

Kurzfristige Erwerbsersatzeinkommen

Als vergleichbare Leistungen im Sinne von § 18 SGB IV bezeichnet man Mutterschaftsurlaubsgeld, Überbrückungsgeld der Seemannskasse und Übergangsleistungen gemäß § 3 Abs. 2 der Berufskrankheiten-Verordnung.

Vergleichbare Leistungen

12.2.2 Dauerhafte Erwerbsersatzeinkommen

Dauerhafte Erwerbsersatzeinkommen sind im § 18a Abs. 3 Nr. 2 bis 8 SGB IV aufgezählt. Als dauerhafte Erwerbsersatzeinkommen werden hier Renten der Rentenversicherung wegen Alters oder verminderter Erwerbsfähigkeit, Erziehungsrente, Knappschaftsausgleichsleistung, Anpassungsgeld für entlassene Arbeitnehmer des Bergbaus, Leistungen nach den §§ 27 und 28 des Sozialversicherungs-Angleichungsgesetzes Saar, Altersgelder der Altershilfe für Landwirte, Verletztenrente der Unfallversicherung, Ruhegehälter an Beamte oder vergleichbare Personen, Unfallruhegehalt an Beamte oder vergleichbare Personen, Renten bestimmter Berufsgruppen aus öffentlich-rechtlichen Versicherungs- oder Versorgungseinrichtungen wegen Alters oder Erwerbsminderung, Berufsschadensausgleich nach § 30 Abs. 3 bis 11 Bundesversorgungsgesetz, Kapitalleistung oder Abfindung, bezeichnet.

Dauerhafte Erwerbsersatzeinkommen

Merke:

> Zusammenfassend ist festzustellen, daß es sich bei allen dauerhaften Erwerbsersatzeinkommen um Renten aus **eigenen Versicherungen** handeln muß. **Hinterbliebenenrenten** sind daher niemals bei der Einkommensanrechnung als Einkommen zu berücksichtigen.

12.2.3 Nicht anrechenbare Einkommen

Zu den nicht anrechenbaren Einkommen zählen in erster Linie die öffentlich-rechtlichen Zusatzleistungen und die Leistungen der Höherversicherung, die zu den Renten aus der Rentenversicherung zusätzlich gezahlt werden (§ 18a Abs. 1 Nr. 2 in Verbindung mit Abs. 4 SGB IV). Im Gegensatz zu den Renten bestimmter Berufsgruppen, die dauerhaftes Erwerbsersatzeinkommen darstellen, gehören die reinen berufsständischen oder betrieblichen **Zusatzleistungen** nicht zum anrechenbaren Einkommen.

Nicht anrechenbare Einkommen

Berufsständische oder betriebliche Zusatzleistungen

Unter diese nicht auf die Rente anzurechnenden Zusatzleistungen fallen zum Beispiel:

- Leistungen der betrieblichen Altersversorgung (Betriebsrenten),
- Leistungen der Zusatzversorgung im öffentlichen Dienst (Leistungen der Versorgungsanstalten des Bundes und der Länder, der Gemeinden und Städte, der Kirchen und der Deutschen Bundespost),
- Zusatzversorgung für die Arbeitnehmer in der Land- und Forstwirtschaft.

Kinderzuschüsse, Kinderzulagen/ kindbezogene Leistungen

Außerdem werden Kinderzuschüsse, Kinderzulagen und die vergleichbaren kindbezogenen Leistungen, die zu den dauerhaften Erwerbsersatzleistungen gewährt werden, gemäß § 18a Abs. 3 Satz 2 SGB IV nicht angerechnet. Bei den kurzfristigen Erwerbsersatzeinkommen werden keine entsprechenden Leistungen für Kinder gewährt. Höhere Leistungen wegen vorhandener Kinder sind beim kurzfristigen Erwerbseinkommen zu berücksichtigen.

Weitere nicht-anrechenbare Einkommen

Weitere nicht anrechenbare Einkommen ergeben sich als Umkehrschluß aus § 18a SGB IV, weil sie nicht als Einkommen genannt werden:

- Hinterbliebenenrenten aus der gesetzlichen Renten- und Unfallversicherung,
- Leistungen aus privaten Lebens- oder Unfallversicherungen,
- Einkünfte aus Kapitalvermögen, Vermietung und Verpachtung (in Sonderfällen können Einkünfte aus Kapitalvermögen bzw. aus Vermietung und Verpachtung zur Anrechnung herangezogen werden),
- Renten nach dem Bundesentschädigungsgesetz,
- Sozialhilfe,
- Unterhaltsleistungen.

Zusammenfassung:

Zusammenfassend kann gesagt werden, daß insbesondere Leistungen mit privatrechtlicher Grundlage, Fürsorge-, Ausgleichs-, Entschädigungscharakter und bestimmte Lohnersatzleistungen, die nicht ausdrücklich in § 18a SGB IV genannt werden, von der Einkommensanrechnung ausgeschlossen sind.

12.2.4 Ausländische Erwerbsersatzeinkommen

Ausländische Erwerbsersatz-einkommen

Mit den in § 18a Abs. 3 SGB IV genannten kurzfristigen und dauerhaften Erwerbsersatzeinkommen sind Ersatzleistungen, die von einer Stelle außerhalb der Bundesrepublik geleistet werden, vergleichbar.

Wegen einer Umrechnung in einen DM-Betrag wird auf Abschnitt 12.1.4 verwiesen.

Aufgaben zur Selbstüberprüfung:

49. Was verstehen Sie unter kurzfristigem Erwerbsersatzeinkommen?

50. Was verstehen Sie unter dauerhaftem Erwerbsersatzeinkommen?

51. Entscheiden Sie durch Ankreuzen, welche der nachfolgenden Einkommen bei der Einkommensanrechnung zu berücksichtigen sind.

Einkommensart	ja	nein
Krankengeld		
Vorruhestandgeld		
Abgeordnetendiäten		
Arbeitslosenhilfe		
Kindergeld		
Zinseinkünfte		
Übergangsgeld		
Landabgaberente		
Sozialhilfe		
Kurzarbeitergeld		
Versorgungsbezüge eines Beamten		
Unfallruhegehalt eines Beamten		
Kinderzuschuß zu einer Versichertenrente		
Wohngeld		
Grundrente vom Versorgungsamt		
Verletztenrente aus der Unfallversicherung		

Einkommensart	ja	nein
Witwenrente aus der Rentenversicherung		
Betriebsrente		
Versorgungsrente von der Versorgungsanstalt des Bundes und der Länder		
Rente aus einer privaten Lebensversicherung		
Weihnachtsgeld		
Trinkgelder		
Einkünfte aus selbständiger Tätigkeit		
Wochenlohn eines Arbeiters		
Überbrückungsgelder des Arbeitgebers		
Mutterschaftsgeld		
Erziehungsrente		
Waisenrente		
Kindergeld		

12.3 Höhe des zu berücksichtigenden Einkommens

Höhe des zu berücksichtigenden Einkommens

Nachdem Sie die Arten von Einkommen gemäß § 18a SGB IV bestimmen können, folgen in diesem Abschnitt Ausführungen über die Berechnung des endgültigen Betrages, der bei der Anrechnung nach § 97 SGB VI maßgebend ist. Abgestellt auf den Zeitpunkt des erstmaligen Zusammentreffens von Rente wegen Todes und Einkommen ist der monatliche Nettobetrag zu ermitteln. Monatliches Einkommen ist in der Regel das im Kalendermonat tatsächlich anfallende Einkommen. Durch Teilzeitarbeit oder Aushilfsbeschäftigungen nur teilweise belegte Kalendermonate sind nicht auf einen vollen Kalendermonat hochzurechnen (§ 18b Abs. 1 Satz 1 SGB VI). Mehrere im Zeitpunkt des Zusammentreffens vorliegende Einkommen sind zusammenzurechnen (§ 18b Abs. 1 Satz 2 SGB VI). Es sind die Nettobeträge zu addieren.

Für die Bestimmung des maßgeblichen Einkommens ist von entscheidender Bedeutung, welche **Einkommensart** im Zeitpunkt des Zusammentreffens von Rente und Einkommen erzielt wird

- Erwerbseinkommen (Arbeitsentgelt, Arbeitseinkommen oder vergleichbares Einkommen) und/oder kurzfristiges Erwerbsersatzeinkommen (Krankengeld, Arbeitslosengeld usw.)

  oder
- dauerhaftes Erwerbsersatzeinkommen (Renten).

Letztes Kalenderjahr

Gemäß § 18b Abs. 2 SGB IV ist bei Erwerbseinkommen und kurzfristigem Erwerbsersatzeinkommen das letzte Kalenderjahr maßgebend.

Bei dauerhaftem Erwerbsersatzeinkommen ist das laufende Einkommen maßgebend (§ 18b Abs. 3 SGB IV).

12.3.1 Einkommen des letzten Kalenderjahres

Erwerbseinkommen des letzten Kalenderjahres

Kurzfristiges Erwerbsersatzeinkommen

Als monatliches Einkommen gilt beim Zusammentreffen von Rente mit Erwerbseinkommen und kurzfristigem Erwerbsersatzeinkommen nur das Erwerbseinkommen des letzten Kalenderjahres geteilt durch die Anzahl der Kalendermonate, in denen es erzielt wurde. Nur in den Fällen, in denen im letzten Kalenderjahr anstelle von Erwerbseinkommen nur kurzfristiges Erwerbsersatzeinkommen bezogen wurde, wird dieses (geteilt durch die Anzahl der Kalendermonate, in denen es erzielt wurde), als monatliches Einkommen zugrunde gelegt.

Merke:

> Sollte im letzten Kalenderjahr weder Erwerbseinkommen noch kurzfristiges Erwerbsersatzeinkommen vorgelegen haben, ist ein Einkommen von 0,00 DM vorhanden. Es ist somit kein anrechenbares Einkommen für die Berechnung gemäß § 97 SGB VI vorhanden, obwohl im Zeitpunkt des Zusammentreffens Erwerbseinkommen oder kurzfristiges Erwerbsersatzeinkommen vorhanden ist.

Ausgehend von einem Beginn der Rente wegen Todes am 1. 5. 1993 und Zusammentreffen mit Erwerbseinkommen oder kurzfristigem Erwerbseinkommen soll folgende Tabelle drei mögliche Variationen darstellen.

Tabelle 4: Variationen der Ermittlung des maßgebenden Einkommens

Kalenderjahr 1992	**Kalenderjahr 1993 (Rentenbeginn 1. 5. 1993)**
Erwerbseinkommen vom 1. 1. 1992 bis 1. 3. 1992 und vom 2. 3. 1992 bis 31. 12. 1992 Krankengeld	Am 1. 5. 1993 weiterhin Krankengeld als kurzfristiges Erwerbsersatzeinkommen. Maßgebendes Einkommen ist das Erwerbseinkommen aus 1992 geteilt durch drei Kalendermonate.
Kein Einkommen vom 1. 1. 1992 bis 31. 12. 1992	Am 1. 5. 1993 Erwerbs- oder kurzfristiges Erwerbsersatzeinkommen. Maßgebendes Einkommen beträgt 0,00 DM, weil im letzten Kalenderjahr ein Einkommen nicht vorliegt.
Einkommen vom 1. 1. 1992 bis 25. 8. 1992 und vom 26. 8. 1992 bis 31. 12. 1992 Arbeitslosengeld	Am 1. 5. 1993 Rente wegen Berufsunfähigkeit aus der gesetzlichen Rentenversicherung **und** Erwerbseinkommen. Maßgebendes Einkommen ist das laufende dauerhafte Erwerbsersatzeinkommen (Rente) ab 1. 5. 1993 **und** das Erwerbseinkommen aus 1992 geteilt durch acht Kalendermonate; die monatlichen Nettobeträge sind zusammenzurechnen.

Besonderheiten:

Einmalig gezahltes Erwerbsersatzeinkommen, das beitragsrechtlich gemäß § 227 SGB V dem letzten Kalenderjahr zuzuordnen ist, gehört ebenfalls zum maßgebenden Erwerbseinkommen des letzten Kalenderjahres.

Kurzarbeitergeld/Schlechtwettergeld

Sollte im letzten Kalenderjahr Kurzarbeitergeld oder Schlechtwettergeld allein oder auch mit Erwerbseinkommen gezahlt worden sein, ist gemäß § 18b Abs. 2 Satz 4 SGB IV von dem dieser Leistung zugrunde liegenden Arbeitseinkommen auszugehen. Das Kurzarbeiter- bzw. Schlechtwettergeld ist bei der Ermittlung des maßgebenden Einkommens wie Erwerbseinkommen und nicht wie kurzfristiges Erwerbseinkommen zu behandeln.

12.3.2 Nettoeinkommen

Pauschalierte Berechnung auf Nettobeträge

Bei den gemäß § 18a SGB IV maßgebenden Einkommen handelt es sich um Bruttobeträge. Da eine Berücksichtigung von Bruttobeträgen zu einer Schlechterstellung der Rentenberechtigten führen würde, schreibt § 18b Abs. 5 SGB IV eine pauschalierte Berechnung auf Nettobeträge vor.

Entsprechend der jeweiligen Einkommensart sind die in Abs. 5 festgelegten pauschalen Abzüge (35 v. H., 27,5 v. H., 25 v. H. bzw. Beitragsanteil) vorzunehmen.

Anmerkung:

Unter Beitragsanteil ist der jeweilige Anteil des Leistungsbeziehers an der Sozialversicherung, Arbeitslosenversicherung und der Krankenversicherung bei kurzfristigen oder dauerhaften Erwerbsersatzeinkommen zu verstehen.

Da eine Einkommensanrechnung bei der Hinterbliebenenrente aus der Unfallversicherung gemäß § 97 Abs. 3 Satz 2 SGB VI Vorrang hat, wird mit § 18b Abs. 6 SGB IV bestimmt, daß die Entscheidung des Unfallversicherungsträgers über die Höhe des zu berücksichtigenden Einkommens gegenüber dem Rentenversicherungsträger verbindlich ist.

12.3.3 Vergleich mit dem laufenden Einkommen

Vergleich mit dem laufenden Einkommen

Einkommen im Durchschnitt um 10 v. H. geringer

Paragraph 18b Abs. 2 SGB IV bestimmt im Zeitpunkt des Zusammentreffens von Erwerbseinkommen und kurzfristigem Erwerbsersatzeinkommen das Einkommen aus dem letzten Kalenderjahr als maßgebend (vgl. Abschnitt 12.3.1). Diese Regelung kann in den Fällen zu großen Nachteilen führen, wenn das im Zeitpunkt des Zusammentreffens vorliegende tatsächliche Einkommen niedriger ist als das des letzten Kalenderjahres. Hierfür wurde mit § 18b Abs. 4 SGB IV eine diesen Umstand regulierende Vorschrift geschaffen. Nach Abs. 4 ist anstelle des Einkommens des letzten Kalenderjahres von dem tatsächlich laufenden Einkommen auszugehen, wenn dieses Einkommen voraussichtlich im Durchschnitt um 10 v. H. geringer ist als das sich entsprechend Abschnitt 12.3 ergebende Einkommen. Der Vergleich ist wegen der unterschiedlichen Abzugsbeträge (vgl. Abschnitt 12.2.2) auf der Grundlage von Nettobeträgen vorzunehmen.

Beispiel:

Es wurde nach § 18b Abs. 2 SGB IV ein monatliches Erwerbseinkommen aus dem letzten Kalenderjahr von 4 400,00 DM ermittelt. Als laufendes Einkommen im Zeitpunkt des Zusammentreffens wird Krankengeld in Höhe von monatlich 2 800,00 DM gewährt.

Lösung:

Gemäß § 18b Abs. 5 SGB IV sind die einzelnen Einkommen zu kürzen.

Erwerbseinkommen von 4 400,00 DM um 35 v. H. = 2 860,00 DM.
Krankengeld von 2 800,00 DM um den entsprechenden Beitragsanteil zu Rentenversicherung und zur Bundesanstalt für Arbeit von angenommenen 12 v. H. = 2 464,00 DM.

Das maßgebende Einkommen aus dem letzten Kalenderjahr beträgt 2 860,00 DM. Es ist jedoch vom laufenden Einkommen auszugehen, wenn es um 10 v. H. niedriger ist als das maßgebende Einkommen aus dem letzten Kalenderjahr. Das heißt 2 860,00 DM abzüglich 286,00 DM = 2 574,00 DM. Das laufende Einkommen (Krankengeld) in Höhe von 2 464,00 DM ist um 10 v. H. niedriger, so daß es bei der Einkommensanrechnung zu berücksichtigen ist.

Als laufendes Einkommen ist immer das Einkommen anzusehen, das im Zeitpunkt des erstmaligen Zusammentreffens vorliegt. Unbeachtlich ist hierbei, ob sich auch tatsächlich eine Anrechnung gemäß § 97 SGB VI ergibt (zum Beispiel während der Sterbeübergangszeit oder den in Kapitel 13 erläuterten Sonderregelungen).

Schwankendes Einkommen

Sollte es sich bei dem laufenden Einkommen um ein schwankendes Einkommen handeln, ist eine Durchschnittsberechnung aus dem im Monat des Zusammentreffens und dem in den folgenden drei Monaten erzielten Einkommen vorzunehmen.

Sonderzuwendungen

Jährliche Sonderzuwendungen (Urlaubsgeld, Weihnachtsgeld) sind mit einem Zwölftel beim laufenden Einkommen zu berücksichtigen (§ 18b Abs. 4 letzter Halbsatz SGB IV). Unbeachtlich ist, wann die Sonderzahlung erfolgt und ob sie im Zeitpunkt des Zusammentreffens bereits gezahlt worden ist.

Die folgende Abbildung soll die Schritte der Einkommensanrechnung zusammenfassend darstellen.

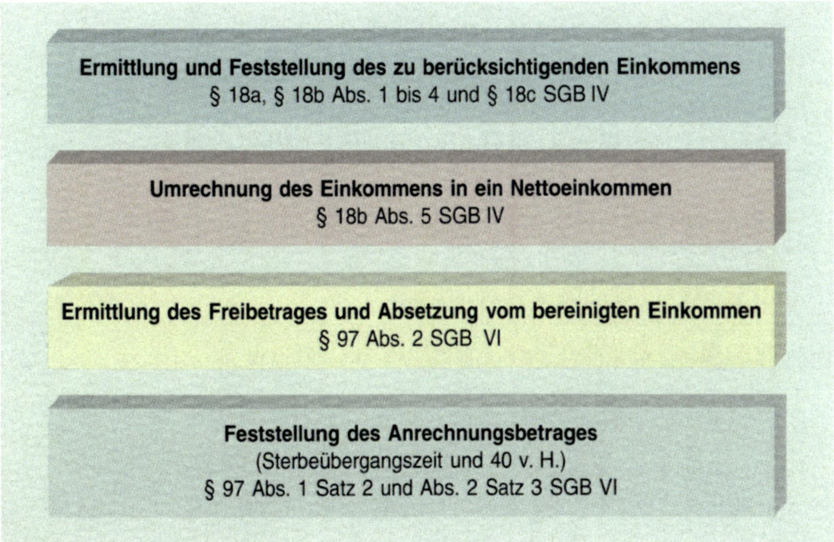

Abbildung 1: Schritte der Einkommensanrechnung

Beispiel zur Einkommensanrechnung:

Sachverhalt: Der Versicherte ist am 17. 1. 1993 verstorben. Er bezog bis zu seinem Tod eine Regelaltersrente. Es besteht Anspruch auf die rechtzeitig beantragte Witwenrente ab 1. 2. 1993 (§ 99 Abs. 2 SGB VI). Die Ermittlungen hinsichtlich der Einkünfte der Witwe ergaben folgendes:

Arbeitsentgelt vom 1. 1. 1991 bis 31. 12. 1991 (brutto)	32 450,00 DM
Arbeitsentgelt vom 1. 1. 1992 bis 7. 4. 1992 (brutto)	11 911,38 DM
Krankengeld vom 8. 4. 1992 bis 1. 2. 1992 (nach Abzug des Sozialversicherungsanteils)	13 412,52 DM

monatliches Arbeitsentgelt vom	1. 1. 1993 bis laufend	2 613,94 DM
Weihnachtsgeld	im November 1993	3 710,75 DM

Die Witwe hat aus der ersten Ehe ein Kind im Alter von 23 Jahren, das sich bis 1994 in einer Hochschulausbildung befindet. Sie hat ihren gewöhnlichen Aufenthaltsort in Hannover. Die Heirat mit dem Versicherten erfolgte am 5. 5. 1987. Ein Anspruch auf Waisenrente aus der Versicherung des Verstorbenen besteht nicht. Die Berechnung der Rente ergab einen Rentenbetrag von 988,08 DM.

Lösung:

Die Witwenrente trifft mit Einkommen zusammen. Es ist deshalb zu prüfen, ob gemäß § 97 SGB VI Einkommen auf die Rente anzurechnen ist. Hierfür ist das zu berücksichtigende monatliche Einkommen gemäß § 18a bis e SGB IV zu ermitteln. Erstmaliges Zusammentreffen ist ab 1. 2. 1993 gegeben.

Berechnung ab 1. 2.1993:

Das monatliche Einkommen ist aus dem Erwerbseinkommen des Kalenderjahres zu ermitteln, das dem Jahr 1993 vorausgeht (§ 18b Abs. 2 SGB VI).

Arbeitsentgelt für 1992 aus einem abhängigen Beschäftigungsverhältnis	11 911,38 DM
Das Krankengeld als kurzfristiges Erwerbsersatzeinkommen ist nicht zu berücksichtigen, weil es im letzten Kalenderjahr nicht allein bezogen worden ist (§ 18b Abs. 2 Satz 3 SGB IV).	
Das Einkommen des letzen Kalenderjahres ist während vier Kalendermonaten erzielt worden. Das monatliche Einkommen beträgt: 11 911,38 DM geteilt durch 4 Kalendermonate	2 977,85 DM
Das monatliche Einkommen ist gemäß § 18b Abs. 5 SGB IV um 35 v. H. (Arbeitsentgelt) zu kürzen. (2 977,85 DM ./. 1 042,25 DM)	1 935,60 DM
Dem monatlichen Einkommen aus dem Kalenderjahr 1992 ist das Einkommen für den Monat Februar 1993 gegenüberzustellen. Dieses Einkommen ist zu berücksichtigen, wenn es um wenigstens 10 v. H. geringer ist (§ 18b Abs. 4 SGB IV).	
Arbeitsentgelt für Februar 1993 aus einem abängigen Beschäftigungsverhältnis	2 613,94 DM
./. 35 v. H. (§ 18b Abs. 5 SGB IV)	914,88 DM
verbleiben monatlich	1 699,06 DM
Die jährliche Sonderzuwendung aus einem abhängigen Beschäftigungsverhältnis beträgt	3 710,75 DM
Sie ist gemäß § 18b Abs. 3 letzter Halbsatz SGB IV mit einem Zwölftel beim laufenden Einkommen zu berücksichtigen (3 710,75 DM : 12)	309,23 DM

Der monatliche Betrag ist um 35 v. H. zu kürzen (§ 18b Abs. 5 SGB IV)	201,00 DM
Das monatliche Einkommen für Februar 1993 beträgt somit 1 699,06 DM (Grundgehalt) zuzüglich 201,00 DM (aus der Sonderzuwendung)	1 900,06 DM
Das monatliche Einkommen für Februar 1993 von	1 900,06 DM
ist nicht um wenigstens 10 v. H. geringer als das monatliche Einkommen aus dem Kalenderjahr 1992 von	1 935,60 DM
(1 935,60 DM ./. 10 v. H. = 1 742,04 DM)	

Bei der Berechnung gemäß § 97 SGB VI ist deshalb das Einkommen von 1 935,60 DM zu berücksichtigen.

Anrechenbar nach § 97 SGB VI ist das Einkommen, das den monatlichen Freibetrag nach § 97 Abs. 2 SGB VI übersteigt.

Der Freibetrag beträgt bei Witwenrenten das 26,4fache des aktuellen Rentenwerts, der im Zeitpunkt des Zusammentreffens maßgebend ist. Am 1. 2. 1993 beträgt der aktuelle Rentenwert 42,63 DM.

26,4 mal 42,63 DM	1 125,43 DM
Obwohl das Kind der Witwe keine Waisenrente vom Verstorbenen erhält, handelt es sich um ein waisenrentenberechtigtes Kind der Witwe im Sinne von § 48 SGB VI. Der Freibetrag ist daher um das 5,6fache des aktuellen Rentenwerts von 42,63 DM zu erhöhen	238,73 DM
Freibetrag insgesamt	1 364,16 DM
Das Einkommen von	1 935,60 DM
übersteigt den Freibetrag von ./.	1 364,16 DM
um	571,44 DM

Auf die Witwenrente sind 40 v.H. dieser Differenz anzurechnen = 228,58 DM.

Für die Sterbeübergangszeit vom 1. 2. 1993 bis 30. 4. 1993 ist eine Anrechnung nicht vorzunehmen (§ 97 Abs. 1 Satz 2 SGB VI).
Die Witwenrente in Höhe von 988,08 DM ist ab 1. 5. 1993 um 228,58 DM zu vermindern und beträgt somit 759,50 DM monatlich.

12.4 Erstmalige Ermittlung des Einkommens

Erstmalige Ermittlung des Einkommens

Mit dem § 18c Abs. 1 SGB IV wird geregelt, daß bei erstmaliger Ermittlung des Einkommens der Berechtigte das zu berücksichtigende Einkommen nachzuweisen hat. Kommt er dieser Mitwirkungspflicht nicht nach, so kann die Leistung ganz oder teilweise entsprechend §§ 66 und 67 SGB I versagt oder entzogen werden. Bezieher von Arbeitsentgelt und diesem vergleichbaren Einkommen können zum Nachweis von ihrem Arbeitgeber eine entsprechende Lohnbescheinigung verlangen (§ 18c Abs. 2 SGB IV). Der Arbeitgeber ist jedoch nicht verpflichtet diese Bescheinigung auszustellen, wenn die Daten bereits nach der DEVO bzw. DÜVO übermittelt worden sind, es sei denn, die Entgelte liegen über der Beitragsbemessungsgrenze und sind daher nur bis zu dieser Grenze übermittelt worden. Für die Einkommensanrechnung sind aber auch die über der Beitragsbemessungsgrenze erlangten Einkünfte anzurechnen. Bezieher von kurzfristigem oder dauerhaftem Erwerbsersatzeinkommen können von der Zahlstelle eine entsprechende Bescheinigung über das gezahlte Erwerbsersatzeinkommen verlangen. Hiervon unberührt bleibt jedoch die Möglichkeit des Rentenversicherungsträgers, die entsprechende Bescheinigung direkt beim Arbeitgeber oder bei der Zahlstelle einzuholen.

12.5 Einkommensänderungen

Einkommens-änderungen

Ergeben sich nach einer Einkommensanrechnung Änderungen beim laufenden Einkommen ist der § 18d SGB IV zu beachten. Änderungen in Form eines Wegfalls jeglichen zu berücksichtigenden Einkommens führen jedoch nicht zur Anwendung von § 18d SGB IV, sondern es ist dann kein Anwendungsfall von § 97 SGB VI mehr. Die Einkommensanrechnung entfällt somit. Kommt es jedoch zu einer Änderung im Sinne von § 18d SGB IV, muß unterschieden werden zwischen einer **Einkommenserhöhung** und einer **Einkommensminderung.**

Einkommens-erhöhung/ Einkommens-minderung

Einkommenserhöhungen sind erst vom Zeitpunkt der nächsten Rentenanpassung an (üblicherweise der 1. 7. eines Jahres) zu berücksichtigen (§ 18d Abs. 1 SGB IV).

Die im Beitrittsgebiet eventuellen zusätzlichen, nicht zum 1. 7. eines Jahres anfallenden Rentenanpassungen sind bei der Anwendung von § 18d SGB IV unbeachtlich.

Merke:

Daraus ergibt sich, daß ab dem Zeitpunkt einer Rentenanpassung in jedem Fall eine neue Einkommensermittlung unter Anwendung der §§ 18a und 18b SGB IV und Berechnung nach § 97 SGB VI vorzunehmen ist. Auch wenn sich das maßgebende Einkommen aus dem vorherigen Kalenderjahr ergibt und sich nicht ändert, ändert sich zumindest der Freibetrag durch die Änderung des aktuellen Rentenwerts.

Beispiel:

Beim erstmaligen Zusammentreffen von Rente und Einkommen ist ein anrechenbares Einkommen von 1 935,60 DM (siehe Beispiel im Abschnitt 12.3.3) berücksichtigt worden.
Ab 1. 5. 1993 erhöht sich das bisher erzielte Arbeitsentgelt auf 3 800,00 DM. Der Vergleichsbetrag ergibt sich nach Abzug von 35 v. H. (§ 18b Abs. 5 SGB IV) = 2 470,00 DM.

Lösung:

Das erhöhte Einkommen ist erst ab der nächsten Rentenanpassung (1. 7. 1993) zu berücksichtigen.

Einkommensminderungen sind auf Antrag des Berechtigten vom Zeitpunkt ihres Eintritts an zu berücksichtigen, wenn das Einkommen voraussichtlich um 10 v. H. geringer ist als das berücksichtigte Einkommen (§ 18d Abs. 2 SGB IV).

Beispiel:

Im Zeitpunkt des erstmaligen Zusammentreffens ist ein Einkommen von 1 935,60 DM (siehe Beispiel im Abschnitt 12.3.3) zu berücksichtigen. Ab 1. 5. 1993 erhält die Witwe aufgrund einer aufgenommenen Halbtagsbeschäftigung ein Einkommen in Höhe von 2 200,00 DM – brutto –. Der Vergleichsbetrag ergibt sich nach Abzug von 35 v. H. (§ 18b Abs. 5 SGB IV) und beträgt 1 430,00 DM. Eine entsprechende Anfrage (Antrag) der Witwe liegt vor.

Lösung:

Gemäß § 18d Abs. 2 SGB IV ist von dem ab 1. 5. 1993 erzielten Einkommen in Höhe von 1 430,00 DM auszugehen, wenn es um wenigstens 10 v. H. niedriger ist als das berücksichtigte.
Berücksichtigtes Einkommen = 1 935,60 DM abzüglich 10 v.H. = 1 742,04 DM.

Da das Einkommen ab **1. 5. 1993 von 1 430,00 DM um wenigstens 10 v. H. niedriger** ist, muß ab diesem Zeitpunkt unter Berücksichtigung von § 100 Abs. 1 SGB VI von diesem Betrag ausgegangen werden. Es ist somit eine neue Berechnung nach § 97 SGB VI durchzuführen.

Sollte das zwar niedrigere Einkommen nicht um wenigstens 10 v. H. niedriger sein als das berücksichtigte Einkommen, dann handelt es sich um eine Einkommensänderung im Sinne von § 18 d Abs. 1 SGB IV und ist erst bei der nächsten Rentenanpassung zu beachten.

Durchschnitt um wenigstens 10 v. H. geringer

Bei einer Einkommensminderung um 10 v. H. muß bei Bezug von Erwerbseinkommen dieses allein oder zusammen mit Erwerbsersatzeinkommen in einem Zeitraum von mindestens drei aufeinanderfolgenden Kalendermonaten im Durchschnitt um wenigstens 10 v. H. geringer sein.

Beispiel:

Berücksichtigtes Einkommen = 2 000,00 DM
Ab 1. 2. 1993 wird eine Einkommensminderung geltend gemacht.

Nettoeinkommen im	
Februar 1993	= 1 900,00 DM
März 1993	= 1 500,00 DM
April 1993	= 1 800,00 DM
insgesamt:	= 5 200,00 DM geteilt durch drei = **1 733,33 DM**

Da das Einkommen in jedem Kalendermonat niedriger als 2 000,00 DM und insgesamt um wenigstens 10 v. H. niedriger als das berücksichtigte Einkommen ist, ist nach Auffassung der Rentenversicherungsträger die geforderte Voraussetzung des § 18d Abs. 2 Satz 1 SGB IV erfüllt.

Ermittlung von Einkommensänderungen

Die Ermittlung von Einkommensänderungen regelt § 18e SGB IV. Grundsätzlich wird hiermit die gleiche Verfahrensweise erreicht, die bereits im § 18c SGB IV vorgesehen ist. Besonderheiten ergeben sich nur aus den Absätzen 4 bis 7.

Der Absatz 4 ermöglicht dem Rentenversicherungsträger ab dem Zeitpunkt der Rentenanpassung (1. 7.) bei ungeklärten Einkünften vorerst von dem bisher berücksichtigten Einkommen, erhöht um den jeweiligen Rentenanpassungsfaktor, auszugehen.

Im Falle von Einkommensänderungen ist ein neuer Verwaltungsakt (Bescheid) zu erteilen. Obwohl einem Verwaltungsakt, der in die Rechte eines Beteiligten eingreift, gewöhnlich ein Anhörungsverfahren nach § 24 SGB X vorausgehen muß, ist dies bei einer Einkommensänderung nicht erforderlich (§ 18e Abs. 6 SGB IV). Auch bei außerhalb einer Rentenanpassung vorzunehmenden Änderungen bedarf es keiner vorherigen Anhörung (§ 24 Abs. 2 Nr. 5 SGB X).

Ergibt sich infolge einer Rentenanpassung weiterhin kein Anrechnungsbetrag nach Anwendung von § 97 SGB VI, so ist die Erteilung eines Verwaltungsaktes nicht erforderlich (§ 18e Abs. 7 SGB IV).

Aufgaben zur Selbstüberprüfung:

Berechnen Sie bitte in den nachfolgenden Beispielen das jeweils maßgebende Einkommen.

52. Arbeitsentgelt vom 1. 1. 1991 bis 25. 7. 1991 = 22 000,00 DM
    Arbeitslosengeld vom 26. 7. 1991 bis 31.12. 1991
    wöchentlich = 250,00 DM
    Arbeitsentgelt vom 1. 1. 1992 bis 30. 8. 1992 = 35 000,00 DM
    Krankengeld vom 31. 8. 1992 bis 25.11. 1992 = 11 000,00 DM
    Arbeitsentgelt vom 26.11. 1992 bis 31.12. 1992 = 3 000,00 DM
    Arbeitsentgelt ab 1. 9. 1993 laufend monatlich = 2 400,00 DM

    Erstmaliges Zusammentreffen 1. 9. 1993.

53. Arbeitseinkommen aus selbständiger Tätigkeit
    vom 1. 1. 1992 bis 30. 9. 1992 = 30 000,00 DM
    Arbeitsentgelt vom 1.10. 1992 bis 31.12. 1992 = 7 000,00 DM
    Krankengeld ab 1. 9. 1993 laufend monatlich = 1 850,00 DM
    (der Beitragsanteil des Krankengeldbeziehers zur Renten- und Arbeitslosenversicherung ist bereits abgezogen)

    Erstmaliges Zusammentreffen 1. 9. 1993.

54. Arbeitslosengeld vom 1. 5. 1991 bis 25. 7. 1993 laufend in Höhe von wöchentlich 200,00 DM.

    Ab 26. 7. 1993 bis laufend Arbeitslosengeld in Höhe von wöchentlich 150,00 DM.

    Erstmaliges Zusammentreffen 1. 9. 1993.

55. Beim erstmaligen Zusammentreffen wurde ein maßgebendes Einkommen in Höhe von 2 100,00 DM ermittelt.

    Erstmaliges Zusammentreffen 1. 9. 1993.

    a) Welches Einkommen ist ab 1. 12. 1993 zu berücksichtigen, wenn Beamtenbezüge von monatlich 3 000,00 DM vorliegen, weil der Berechtigte seit diesem Zeitpunkt Beamter ist?

    b) Welches Einkommen ist ab 1. 12. 1993 zu berücksichtigen, wenn Beamtenbezüge von monatlich 2 500,00 DM vorliegen, weil der Berechtigte seit diesem Zeitpunkt Beamter ist?

13. Sonderregelungen

Lernziel:

Sie können die für die Einkommensanrechnung bestehenden Sonderregelungen anwenden.

Sonderregelungen

Wie bereits im Abschnitt 11.1 erwähnt, wurden mit der Einführung der Einkommensanrechnung am 1. 1. 1986 Übergangsvorschriften erlassen, die die negativen Folgen der Einkommensanrechnung abmildern sollten bzw. es nicht zu Einkommensanrechnung kommen ließen. Diese Übergangsvorschriften waren im bis zum 31. 12. 1991 geltenden Arbeiterrentenversicherungs-Neuregelungsgesetz bzw. Angestelltenversicherungs-Neuregelungsgesetz oder Knappschaftsgesetz enthalten. Diese Übergangsvorschriften wurden im wesentlichen im SGB VI übernommen.

Die maßgebende Vorschrift ist der § 314 SGB VI und für das Beitrittsgebiet der mit dem Rentenüberleitungsgesetz eingefügte § 314a SGB VI. Die Absätze 1 bis 4 des § 314 SGB VI betreffen nur die Witwen- und Witwerrenten (auch Rente an den vorletzten Ehegatten) und der Absatz 5 die Waisenrenten.

Die ebenfalls der Einkommensanrechnung nach § 97 SGB VI unterworfenen Erziehungsrenten sind nicht von dieser Übergangsregelung betroffen. Bei diesen Renten ist ab 1. 1. 1992 die Einkommensanrechnung durchzuführen.

13.1. Gemeinsame Erklärung für „altes" Recht oder Tod des Versicherten vor dem 1. 1. 1986

Versicherter vor dem 1. 1. 1986 gestorben

Ist der Versicherte vor dem 1. 1. 1986 gestorben, so ist eine Einkommensanrechnung nach § 97 SGB VI bei den Witwen- und Witwerrenten nicht vorzunehmen (§ 314 Abs. 1 SGB VI).

Dies gilt auch für Witwen- oder Witwerrenten an vor dem 1. 7. 1977 geschiedene Ehegatten (§ 243 SGB VI).

Alle aufgrund eines Todes vor dem 1. 1. 1986 festgestellten Witwen- bzw. Witwerrenten, die bereits vor dem 1. 1. 1986 festgestellt worden sind oder noch festzustellen sind, werden danach auch ab dem 1. 1. 1992 ohne eine Anrechnung von Einkommen ungekürzt gezahlt.

Gemeinsame Erklärung

Eine Einkommensanrechnung findet ebenfalls nicht statt, wenn die Ehegatten (auch frühere Ehegatten) bis zum 31. 12. 1988 eine wirksame Erklärung über die weitere Anwendung des bis zum 31. 12. 1985 geltenden Hinterbliebenenrechts abgegeben haben. Eine solche gemeinsame Erklärung konnte bis zum 31. 12. 1988 abgegeben werden, wenn

- beide Ehegatten vor dem 1. 1. 1936 geboren sind

  und

- die Ehe vor dem 1. 1. 1986 geschlossen wurde.

Diese Erklärungen sind unwiderruflich und gelten auch für die Einkommensanrechnung in der Unfallversicherung (§ 618 Abs. 3 RVO).

Tod des Versicherten in der Zeit vom 1. 1. 1986 bis 31. 12. 1988

Unter Berücksichtigung von Urteilen des Bundessozialgerichts unterstellen die Rentenversicherungsträger die Abgabe einer solchen Erklärung in den Fällen, in denen der Tod des Versicherten in der Zeit vom 1. 1. 1986 bis 31. 12. 1988 (mögliche Erklärungsfrist) eingetreten ist und sich dadurch eine günstigere Regelung für den Hinterbliebenen ergibt. Diese Verfahrensweise ist aus der Sicht der Witwen immer günstiger, weil sie dann nicht zur Einkommensanrechnung führt. Aus der Sicht der Witwer ist diese Regelung günstiger, wenn sie **nicht** den überwiegenden Unterhalt der Familie bestritten haben, sondern die verstorbene Ehefrau (§ 303 SGB VI). Voraussetzung für diese Unterstellung ist jedoch, daß auch die Möglichkeit der Abgabe einer gemeinsamen Erklärung gegeben war (siehe obige Ausführung).

Einkommensanrechnung auf Witwen- oder Witwerrente nach dem vorletzten Ehegatten

Gemäß § 314 Abs. 2 SGB VI ist eine Einkommensanrechung auch auf eine Witwen- oder Witwerrente nach dem vorletzten Ehegatten (§ 46 Abs. 3 SGB VI) nicht vorzunehmen, wenn der Versicherte vor dem 1. 1. 1986 gestorben und eine erneute Ehe der Witwe oder des Witwers aufgelöst oder für nichtig erklärt worden ist (auch nach dem 31. 12. 1985).

Besteht für denselben Zeitraum Anspruch auf Witwen- oder Witwerrente (§ 46 Abs. 1 und 2 SGB VI) oder auf eine solche Rente aus der Unfallversicherung, werden diese Ansprüche in der Höhe berücksichtigt, die sich nach Anwendung der Vorschriften über die Einkommensanrechnung auf Renten wegen Todes ergibt. Dies gilt auch, wenn der Tod des vorletzten Ehegatten nach dem 31. 12. 1985 erfolgte und eine gemeinsame Erklärung im Sinne von § 314 Abs. 1 SGB VI abgegeben worden ist.

Beispiel:

Rente aus der Versicherung des vorletzten Ehegatten gemäß § 46 Abs. 3 SGB VI und Tod des vorletzten Ehegatten vor dem 1. 1. 1986.	
Höhe der Rente:	1 000,00 DM
Rente aus der Versicherung des letzten Ehegatten gemäß § 46 Abs. 2 SGB VI und Tod nach dem 31. 12. 1985.	
Höhe der Rente:	800,00 DM
Einkommen, das nach § 97 SGB VI anzurechnen ist:	280,00 DM

Lösung:

Da gemäß § 314 Abs. 2 Satz 2 SGB VI die Witwenrente nach Einkommensanrechnung bei der Rente nach dem vorletzten Ehegatten anzurechnen ist, sind auf die Rente nach dem vorletzten Ehegatten (800,00 DM abzüglich 280,00 DM) = 520,00 DM anzurechnen.

An Rente gemäß § 46 Abs. 3 SGB VI sind noch 480,00 DM zu gewähren.

Sollte der Tod des vorletzten Ehegatten nach dem 31. 12. 1985 eingetreten sein und eine gemeinsame Erklärung nicht abgeben worden sein, dann ist nach § 90 Abs. 1 SGB VI eine Anrechnung der Witwenrente des letzten Ehegatten ohne die Anwendung der Einkommensanrechnung vorzunehmen.

13.2 Stufenweise Einkommensanrechnung

Mit der Einführung der Einkommensanrechung im Jahre 1986 wurden für Witwen-, Witwerrenten und Renten an vor dem 1. 7. 1977 geschiedene Ehegatten Übergangsregelungen geschaffen, die die negativen Folgen der Einkommensanrechung abmildern sollten. Diese Regelungen sind im SGB VI unter § 314 Abs. 3 und 4 übernommen worden.

Ist der Versicherte

- in der Zeit vom 1. 1. 1986 bis 31. 12. 1995 verstorben

  und
- wurde die Ehe vor dem 1. 1. 1986 geschlossen

ist bei Witwenrente (auch Rente an frühere Ehefrau nach § 243 SGB VI) eine abgestufte Einkommensanrechnung vorzunehmen (§ 314 Abs. 3 SGB VI).

Abgestufte Einkommensanrechnung

Die abgestufte Einkommensanrechnung bedeutet, daß bis zum Ablauf von 12 Kalendermonaten nach dem Tod des Versicherten die Einkommensanrechnung nicht vorzunehmen ist. Anschließend wird die Einkommensanrechnung in der Weise vorgenommen, daß 40 v. H. des verbleibenden Einkommens (§ 97 Abs. 2 Satz 3 SGB VI) erst nach Ablauf des 48. auf den Sterbemonat folgenden Kalendermonats angerechnet werden.

In den dazwischen liegenden 36 Kalendermonaten wird das nach § 97 SGB VI verbleibende Einkommen nicht mit 40 v. H., sondern stufenweise angerechnet. Während der ersten 12 Kalendermonate, mit 10 v. H., den nächsten 12 Kalendermonaten mit 20 v. H. und in den letzten 12 Kalendermonaten mit 30 v. H..

Merke:

Eine neue Einkommensermittlung nach § 18a bis e SGB IV ist beim Ablauf der jeweiligen Zeitpunkte nicht durchzuführen. Es ist von dem Betrag auszugehen, der sich nach § 97 SGB VI bzw. nach § 18d SGB IV ergeben hat.

Beispiel:

Eheschließung am 24. 5. 1985
Tod des Versicherten 1. 5. 1993
Rentenbeginn und Zusammentreffen mit Einkommen am 1. 5. 1993
Nach § 97 SGB VI in Verbindung mit § 18a bis e SGB IV jeweils verbleibendes Einkommen beträgt 500,00 DM.

Lösung:

Da die Voraussetzungen des § 314 Abs. 3 SGB VI erfüllt sind, kommt eine Anrechnung des verbleibenden Einkommens nicht sofort mit 40 v. H. in Betracht, sondern die Anrechnung ist wie folgt vorzunehmen:

Zeitraum	v. H.	Anrechnungsbetrag
1. 5. 1993 bis 31. 5. 1994	–	–
1. 6. 1994 bis 31. 5. 1995	10 v. H.	50,00 DM
1. 6. 1995 bis 31. 5. 1996	20 v. H.	100,00 DM
1. 6. 1996 bis 31. 5. 1997	30 v. H.	150,00 DM
1. 6. 1997 laufend	40 v. H.	200,00 DM

Stufenweise Anrechnung von Amts wegen/ Antrag bei Witwerrenten

Diese stufenweise Anrechnung nach § 314 Abs. 3 SGB VI ist immer von Amts wegen vorzunehmen. Auf Antrag erfolgt eine solche Anrechnung auch bei Witwerrenten und bei Renten an vor dem 1. 7. 1977 geschiedene Ehemänner, wenn die verstorbene Versicherte den überwiegenden Unterhalt der Familie bzw. den Unterhalt des geschiedenen Ehemannes im letzten wirtschaftlichen Dauerzustand vor dem Tode überwiegend bestritten hat (§ 314 Abs. 4 SGB VI). (Vgl. zu den Voraussetzungen Studientext Nr. 18 „Renten wegen Todes", ferner sei auf die Ausführungen zu § 303 SGB VI verwiesen).

13.3 Bestandswaisenrenten

Mit dem SGB VI ab 1. 1. 1992 wurde die Einkommensanrechnung auch auf Waisenrenten an ein über 18 Jahre altes Kind ausgedehnt (§ 97 SGB VI). Bis zum 31. 12. 1991 hatten über 18 Jahre alte Waisen bei Schul- oder Berufsausbildung nur dann Anspruch auf Waisenrente, wenn ein aus dem Ausbildungsverhältnis erzieltes Einkommen bestimmte Grenzen nicht überschritt. Vor dem 1. 1. 1992 gab es zwar keine Einkommensanrechnung, aber der Waisenrentenanspruch fiel weg, wenn die maßgebenden Einkommensgrenzen überschritten wurden. Dieses „Alles oder Nichts-Prinzip" wurde mit dem SGB VI aufgehoben, allerdings mit der Folge, daß nunmehr eine Einkommensanrechnung entsprechend § 97 SGB VI vorgenommen wird.

Waisenrenten, auf die bereits am 31. 12. 1991 Anspruch bestand

Für die Waisenrenten, auf die bereits am 31. 12. 1991 Anspruch bestand, weil die Berechtigten

- das 18. Lebensjahr vollendet hatten

  und

- sich in Schul- oder Berufsausbildung befanden,
- ein freiwilliges soziales Jahr im Sinne des Gesetzes zur Förderung eines freiwilligen sozialen Jahres ableisteten

  oder

- infolge körperlicher, geistiger und seelischer Behinderung außerstande waren, sich selbst zu unterhalten,

ist eine Einkommensanrechnung nicht vorzunehmen, wenn die Ausbildungsvergütung unter 1 000,00 DM monatlich oder das wegen der Ausbildung gezahlte Unterhaltsgeld bzw. Übergangsgeld unter 800,00 DM monatlich lag (§ 314 Abs. 5 SGB VI).

Ehegatten- und Kinderzuschläge und einmalige Zuwendungen sowie vermögenswirksame Leistungen bleiben außer Ansatz. Damit wird den Waisen, die noch nach dem vor dem 1. 1. 1992 geltenden Recht einen Anspruch auf Waisenrente über das 18. Lebensjahr hinaus hatten, eine Einkommensanrechnung erspart. Sollten bei diesen Waisenrenten in Zukunft die maßgebenden Entgeltgrenzen von 1 000,00 DM / 800,00 DM erreicht werden, ist eine Einkommensanrechnung unter Berücksichtigung von § 100 Abs. 1 SGB VI nach § 97 SGB VI vorzunehmen.

Werden die Entgeltgrenzen später wieder (eventuell auch durch Verzicht auf Teile der Ausbildungsvergütung) unterschritten, ist die Übergangsregelung des § 314 Abs. 5 SGB VI wieder anzuwenden.

13.4 Einkommensanrechnung auf Renten wegen Todes aus dem Beitrittsgebiet

Im Beitrittsgebiet festgestellte Witwen-, Witwer- und Waisenrenten

Für alle nach dem Recht des Beitrittsgebietes festgestellten Witwen- oder Witwerrenten und auf Waisenrenten, auf die am 31. 12. 1991 Anspruch bestand, ist der durch das Rentenüberleitungsgesetz eingeführte § 314a SGB VI zu beachten. Danach sind die Vorschriften über die Einkommensanrechnung auf Renten wegen Todes ab 1. 1. 1992 anzuwenden (§ 314a Abs. 1 und 3 SGB VI).

Dies gilt auch, wenn ein solcher Anspruch nur deshalb nicht bestanden hat, weil die im Beitrittsgebiet geltenden besonderen Voraussetzungen nicht erfüllt waren und erst durch das SGB VI ab 1. 1. 1992 ein solcher Anspruch entsteht.

Gewöhnlicher Aufenthalt im Beitrittsgebiet am 18. 5. 1990

Die für das alte Bundesgebiet aus Gründen des Besitzschutzes geschaffenen Übergangsregelungen des § 314 Abs. 1 bis 4 SGB VI (siehe Abschnitte 13.1 und 13.2) sind nicht anzuwenden, wenn die Witwe oder der Witwer am 18. 5. 1990 den gewöhnlichen Aufenthaltsort im Beitrittsgebiet hatte.

Aufgaben zur Selbstüberprüfung:

56. Eine Witwenrentenbezieherin teilt mit, daß sie seit dem 1. 8. 1993 eine Beschäftigung mit einem monatlichen Entgelt von 5 000,00 DM aufgenommen hat. Nach der Aktenlage bezieht sie bereits seit dem 1. 9. 1985 eine Witwenrente. Der Versicherte ist am 22. 7. 1983 verstorben. Prüfen Sie bitte, ob es zur Einkommensanrechnung kommt.

57. Eine Witwenrentenbezieherin teilt mit, daß sie seit dem 1. 8. 1993 eine Beschäftigung mit einem monatlichen Entgelt von 5 000,00 DM aufgenommen hat. Nach der Aktenlage bezieht sie bereits seit dem 1. 9. 1992 eine Witwenrente. Der Versicherte ist am 22. 8. 1992 verstorben. Anhand des Versicherungskontos stellen Sie fest, daß eine Erklärung über die Weitergeltung des bis zum 31. 12. 1985 geltenden Rechts am 25. 11. 1987 abgegeben worden ist. Prüfen Sie bitte, ob es zur Einkommensanrechnung kommt.

58. Sie haben über einen Witwenrentenantrag zu entscheiden. Aus dem Antrag ersehen Sie, daß die Witwe den am 5. 7. 1993 Verstorbenen am 25. 7. 1962 geheiratet hat. Der Verstorbene hat vorher keine Rente bezogen. Außerdem hat die Sachaufklärung ergeben, daß die Witwe seit 1989 laufend eine Beschäftigung ausübt. Was haben sie in diesem Fall zu beachten?

59. Ist für Waisenrenten, auf die am 31. 12. 1991 ein Anspruch bestand, eine Sonderregelung zu beachten?

60. Welche Vorschrift ist zu beachten, wenn eine Rente wegen Todes aus dem Beitrittsgebiet bezogen wird?

13.5 Ablaufschema Einkommensanrechnung

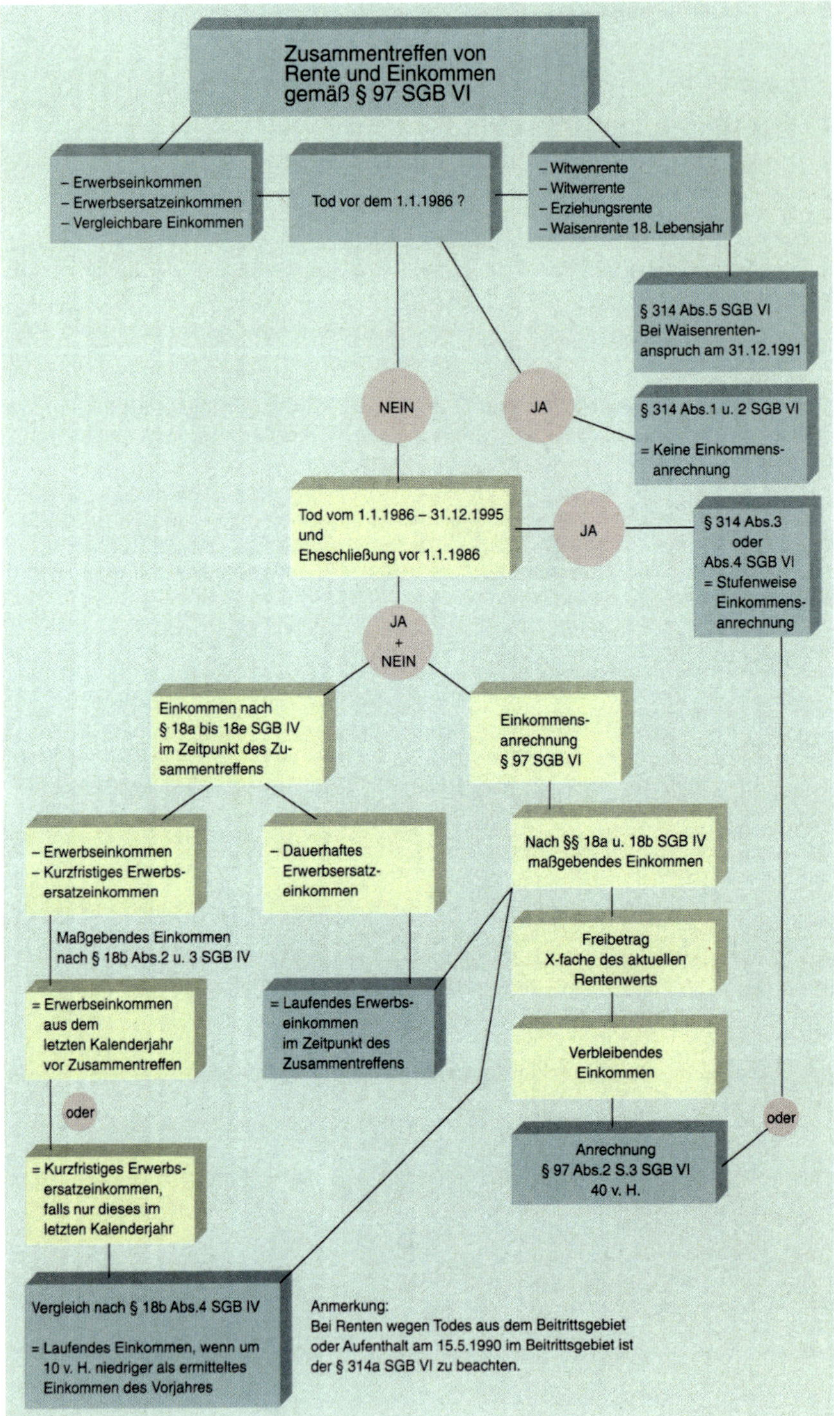

Anmerkung:
Bei Renten wegen Todes aus dem Beitrittsgebiet oder Aufenthalt am 15.5.1990 im Beitrittsgebiet ist der § 314a SGB VI zu beachten.

14. Reihenfolge bei der Anwendung von (zusätzlichen) Berechnungsvorschriften

Lernziel:

Sie können die zusätzlichen Berechnungsvorschriften in der richtigen Reihenfolge bestimmen.

Reihenfolge zusätzlicher Berechnungsvorschriften

Paragraph 98 SGB VI legt eine Reihenfolge fest, in der beim Zusammentreffen mehrerer zusätzlicher Berechnungsvorschriften vorzugehen ist. Hierdurch wird sichergestellt, daß der Berechtigte die ihm der Höhe nach zustehende Rente bzw. die Leistung erhält, die sich rentenmindernd auf die Rente ausgewirkt hat.

Einmalige Anrechnung

Paragraph 98 Satz 2 SGB VI stellt darüber hinaus sicher, daß Einkommen nur einmal auf ein und dieselbe Rente angerechnet wird.

Beispiel:

Es wird eine Verletztenrente aus der gesetzlichen Unfallversicherung und eine Erziehungsrente gewährt.

Lösung:

Durch die Verletztenrente ist § 93 SGB VI anzuwenden. Daher soll die Verletztenrente nicht noch einmal im Rahmen des § 97 SGB VI (hier Erwerbsersatzeinkommen im Sinne von § 18a Abs. 3 Ziffer 4 SGB VI) angerechnet werden. Die vorrangige Anwendung des § 93 SGB VI ergibt sich aus § 98 Satz 1 Ziffern 5 und 8 SGB VI.

Aufgaben zur Selbstüberprüfung:

61. Auf eine Witwenrente treffen folgende Sachverhalte zu:

    a) Bezug einer Unfallwitwenrente aus der gesetzlichen Unfallversicherung;
    b) Altersrente aus eigener Versicherung;
    c) Erwerbseinkommen aus Beschäftigung;

    in welcher Reihenfolge ist die Berechnung vorzunehmen?

Lösungen der Aufgaben zur Selbstüberprüfung

1. Unterhaltsersatzfunktion und Unterhaltszuschußfunktion.

2. Alter, verminderte Erwerbsfähigkeit, Tod.

3. Der Berechtigte soll durch den Bezug mehrerer Unterhaltsersatzleistungen nicht besser gestellt werden als derjenige, der nur eine Leistung beanspruchen kann.

4. Der Rentenanspruch gliedert sich in das Stammrecht und in den Einzelanspruch.

5. Durch den Wegfall des Stammrechts.

6. Die Rangfolge richtet sich nach der Höhe der Rente. Die höhere Rente wird gezahlt. Bei gleich hohen Renten entscheidet die in § 89 Abs. 1 SGB VI enthaltene Rangfolge.

7. Zeitgleich bedeutet, daß Rentenansprüche für denselben Zeitraum bestehen müssen.

8. Maßgebend sind die Rentenbeträge, die sich nach Anwendung von § 98 SGB VI ergeben; es sind alle Berechnungsvorschriften mit Ausnahme der KVdR-Regelung vorrangig anzuwenden.

9. Ein Anspruch auf die große und kleine Witwen- oder Witwerrente besteht zeitgleich, wenn ein Berechtigter vom Rentenbeginn an die Voraussetzungen sowohl nach § 46 Abs. 1 als auch nach § 46 Abs. 2 SGB VI erfüllt.

10. Es wird die höchste Waisenrente gezahlt.

11. Bei der Ermittlung der Vollwaisenrente werden nach § 66 Abs. 2 Nr. 3 SGB VI die beiden höchsten Rentenstämme berücksichtigt.

12. Renten-, Versorgungs- und Unterhaltsansprüche nach dem letzten Ehegatten.

13. Es sind die Netto-Beträge anzurechnen.

14. Die ausgezahlte Abfindung ist in angemessenen Teilbeträgen einzubehalten.

15. Der Einbehaltungsbetrag vermindert sich um entgangene Rentenbeträge.

16. a) Es müssen mehrere Berechtigte vorhanden sein und die Ansprüche müssen zeitgleich bestehen.

    b) Nach der Ehedauer jedes einzelnen Berechtigten und der Gesamtehedauer.

17. Für die Zeit, in der als Rentenartfaktor 1,0 zugrunde gelegt wird; also für die Zeit bis zum Ende des dritten Kalendermonats nach Ablauf des Monats, in dem der Ehegatte verstorben ist.

18. Auf die jeweils zustehende Rentenhöhe.

19. Mit Beginn des Monats, der dem Monat des Wegfalls folgt.

20. Die Aufteilung ist endgültig; der Wegfall eines Berechtigten wirkt sich hier nicht aus.

21. Leistungen aufgrund beamtenrechtlicher Vorschriften oder Grundsätze oder entsprechende kirchenrechtliche Regelungen, Leistungen aus öffentlich-rechtlichen Versicherungs- oder Versorgungseinrichtungen.

22. Die Anrechnung erfolgt auf den Waisenrentenzuschlag.

23. Von dem Elternteil, aus dessen Versicherung der Zuschlag berechnet wurde.

24. Zum Zeitpunkt einer regelmäßigen Rentenanpassung.

25. Der Grenzbetrag ermittelt sich aus dem Jahresarbeitsverdienst der gesetzlichen Unfallversicherung, der in einen Monatsbetrag umzurechnen ist. Hiervon sind 70 vom Hundert mit dem Rentenartfaktor zu vervielfältigen. Das Ergebnis ist der Grenzbetrag.

26. Unfallrenten an Verletzte und Hinterbliebene.

27. Der den Grenzbetrag überschreitende Betrag wird von der Rente der gesetzlichen Rentenversicherung abgezogen.

28. Maßgebend sind der Jahresarbeitsverdienst und der Grad der Erwerbsminderung.

29. Leistungsanteile der Höherversicherung und Kinderzuschuß.

30. Es sind alle Unfallrentenbeträge jedoch der höchste Jahresarbeitsverdienst zugrunde zu legen.

31. Verletztenrente, Witwenrente, Waisenrente.

32. Wenn die Rente auf eigener Beitragsleistung des Verletzten oder seines Ehegatten beruht oder der Unfall sich nach Eintritt der Leistungsminderung oder des Rentenbeginnes in der gesetzlichen Rentenversicherung ereignet hat.

33. Es treffen Arbeitsentgelt aus einem Beschäftigungsverhältnis, das tatsächlich nicht ausgeübt wird und Rente wegen verminderter Erwerbsfähigkeit zusammen.

34. Leistungen des Arbeitgebers, die dieser im Zusammenhang mit der Beendigung des Beschäftigungsverhältnisses zahlt oder Leistungen der betrieblichen Altersversorgung.

35. In Höhe des Netto-Entgeltes.

36. Auf die Rente wegen verminderter Erwerbsfähigkeit.

37. Nein.

38. Arbeitslosengeld beeinflußt die Rentenhöhe, wenn der Anspruch auf Rente und Arbeitslosengeld zeitgleich besteht und ein mehr als halbschichtiges Leistungsvermögen besteht.

39. 190,00 DM x 52 : 12 = 823,33 DM

40. 1.) Bei Zahlung von Arbeitslosengeld nach § 105a AFG

    2.) Bei neuer Anwartschaftszeit nach Beginn einer Rente wegen Berufsunfähigkeit bzw. Rente an Bergleute.

41. Nachversicherungsrenten oder der Teil der Rente, der auf einer Nachversicherung nach dem eigentlichen Rentenbeginn beruht, beginnen nach Einstellung der Versorgungsbezüge. Damit sollen unberechtigte Doppelzahlungen vermieden werden.

42. Eine Einkommensanrechnung findet während der Sterbeübergangszeit nur bei Witwen- und Witwerrenten nicht statt (§ 97 Abs. 1 Satz 2 SGB VI).

43. Der Freibetrag für eine Witwerrente beträgt das 26,4fache des aktuellen Rentenwerts am 1. 2. 1992 von 41,44 DM = 1 094,02 DM.

44. Der Freibetrag für eine Waisenrente beträgt das 17,6fache des aktuellen Rentenwerts am 1. 5. 1993 von 42,63 DM = 750,29 DM.

45. Der Freibetrag für die Witwenrente beträgt das 26,4fache zuzüglich viermal das 5,6fache des aktuellen Rentenwerts am 1. 4. 1993 von 28,19 DM (§ 228a Abs. 3 SGB VI).

26,4 × 28,19 DM	= 744,22 DM
5,6 × 28,19 DM	
= 157,86 × 4	= 631,44 DM
insgesamt	= 1 375,66 DM

46.

Monatlicher Betrag der errechneten **Witwenrente:**		1 345,58 DM
Monatliches **Einkommen** gemäß § 18a bis e SGB IV:	3 455,50 DM	
Abzüglich des maßgebenden **Freibetrages (26,4 x 42,63):** (hier Stand 1. 7. 1992)	1 125,43 DM	
Erhöhter Freibetrag: 1. Kind (5,6 x 42,63)	238,73 DM	
Anrechenbares Einkommen:	2 091,34 DM	
Davon sind gemäß § 97 Abs. 2 Satz 3 SGB VI 40 v. H. bei der Rente anzurechnen	836,536 DM	836,54 DM
Zu leistende Witwenrente nach Anwendung von § 97 SGB VI		509,04 DM

Vom 11. 1. 1993 bis 30. 4. 1993 sind 1 345,58 DM zu zahlen, weil in dieser Zeit der Rentenartfaktor 1,0 (Sterbeübergangszeit) beträgt. Vom 1. 5. 1993 bis 30. 6. 1993 beträgt die Witwenrente 509,04 DM.

47. Ein entsprechendes Einkommen ist vorrangig bei Witwenrenten aus der gesetzlichen Unfallversicherung zu berücksichtigen (§ 97 Abs. 3 Satz 2 und 3 SGB VI).

48. Ein erstmaliges Zusammentreffen liegt am 22. 4. 1993 vor. Nach § 48 Abs. 1 Nr. 3 SGB X ist der Bescheid ab Änderung in den Verhältnissen ab 22. 4. 1993 aufzuheben. Nach § 100 Abs. 1 SGB VI ist die Rente in neuer Höhe ab 1. 5. 1993 zu leisten.

49. Kurzfristige Erwerbsersatzeinkommen sind die im § 18a Abs. 3 Nr. 1 SGB IV aufgeführten Einkünfte.

50. Dauerhafte Erwerbsersatzeinkommen sind die im § 18a Abs. 3 Nr. 2 bis 8 SGB IV genannten Leistungen aus eigener Versicherung.

51.

Einkommensart	ja	nein
Krankengeld	X	
Vorruhestandsgeld	X	
Abgeordnetendiäten	X	
Arbeitslosenhilfe		X
Kindergeld		X
Zinseinkünfte		X
Übergangsgeld	X	
Landabgaberente		X
Sozialhilfe		X
Kurzarbeitergeld	X	
Versorgungsbezüge eines Beamten	X	
Unfallruhegehalt eines Beamten	X	
Kinderzuschuß zu einer Versichertenrente		X
Wohngeld		X
Grundrente vom Versorgungsamt		X
Verletztenrente aus der Unfallversicherung	X	

Einkommensart	ja	nein
Witwenrente aus der Rentenversicherung		X
Betriebsrente		X
Versorgungsrente von der Versorgungsanstalt des Bundes und der Länder		X
Rente aus einer privaten Lebensversicherung		X
Weihnachtsgeld	X	
Trinkgelder	X	
Einkünfte aus selbständiger Tätigkeit	X	
Wochenlohn eines Arbeiters	X	
Überbrückungsgelder des Arbeitgebers	X	
Mutterschaftsgeld	X	
Erziehungsrente	X	
Waisenrente		X
Kindergeld		X

52. Nach § 18b Abs. 2 SGB IV ist maßgebendes Einkommen das Einkommen aus dem Kalenderjahr 1992. Es beträgt 35 000,00 DM zuzüglich 3 000,00 DM = 38 000,00 DM. Es ist in zehn Kalendermonaten erzielt worden. Durchschnittliches monatliches Bruttoeinkommen somit 3 800,00 DM. Das Krankengeld als kurzfristiges Erwerbsersatzeinkommen ist nicht zu berücksichtigen, weil es nicht allein im Kalenderjahr 1992 bezogen worden ist. Nach § 18b Abs. 5 SGB IV ist das Bruttoeinkommen pauschal um 35 v. H. zu kürzen. 3 800,00 DM abzüglich 1 330,00 DM = 2 470,00 DM. Dieses ermittelte Einkommen ist nach § 18b Abs. 4 SGB IV mit dem tatsächlichen laufenden Einkommen zu vergleichen. Das laufende Einkommen ist maßgebend, wenn es um wenigstens 10 v. H. geringer ist als die 2 470,00 DM. Das laufende Arbeitsentgelt ab 1. 9. 1993 von 2 400,00 DM abzüglich 35 v. H. nach § 18b Abs. 5 SGB IV = 1 560,00 DM ist zu vergleichen mit (2 470,00 DM – 10 v. H.) 2 223,00 DM. Das laufende Einkommen von 1 560,00 DM ist um 10 v. H. niedriger als das ermittelte, so daß von diesem bei der Berechnung nach § 97 SGB VI auszugehen ist.

53. Nach § 18b Abs. 2 SGB IV ist maßgebendes Einkommen das Einkommen aus dem Kalenderjahr 1992. Es beträgt 30 000,00 DM Arbeitseinkommen zuzüglich 7 000,00 DM Arbeitsentgelt = 37 000,00 DM. Es ist in zwölf Kalendermonaten erzielt worden. Durchschnittliches monatliches Bruttoeinkommen somit 3 083,33 DM. Nach § 18b Abs. 5 SGB IV ist das Bruttoeinkommen pauschal um 35 v. H. zu kürzen. 3 083,33 DM

abzüglich 1 079,17 DM = 2 004,16 DM. Dieses ermittelte Einkommen ist nach § 18 b Abs. 4 SGB IV mit dem tatsächlichen laufenden Einkommen zu vergleichen. Das laufende kurzfristige Erwerbsersatzeinkommen ist maßgebend, wenn es um wenigstens 10 v. H. geringer ist als die 2 004,16 DM. Das laufende Krankengeld – ohne Beitragsanteil des Versicherten – ab 1. 9. 1993 von 1 850,00 DM ist zu vergleichen mit (2 004,16 DM – 10 v. H.) 1 803,74 DM. Das laufende Einkommen von 1 850,00 DM ist **nicht** um 10 v. H. niedriger als das ermittelte Einkommen, so daß von **2 004,16 DM** bei der Berechnung nach § 97 SGB VI auszugehen ist.

54. Es kommt zu keiner Einkommensanrechnung, weil Arbeitslosenhilfe kein Einkommen im Sinne von § 18a SGB IV ist. Ein Zusammentreffen von Einkommen mit einer Rente wegen Todes liegt daher nicht vor.

55. Zu a)

    Ab dem 1. 12. 1993 liegt eine Einkommensänderung nach § 18d SGB IV vor. Nach Abs. 2 ist diese Einkommensänderung zu berücksichtigen, wenn sie voraussichtlich auf Dauer um 10 v. H. geringer als das berücksichtigte ist. Auch bei der Überprüfung einer Einkommensänderung ist das monatliche Einkommen nach § 18b Abs. 5 SGB IV zu kürzen. Bei einer Beamtenbesoldung ist eine pauschale Kürzung um 27,5 v. H. vorzunehmen. 3 000,00 DM abzüglich 825,00 DM = 2 175,00 DM. Das berücksichtigte Einkommen ist mit 2 100,00 DM angegeben; hiervon 10 v. H. abgezogen ergibt einen Betrag von 1 890,00 DM. Die Einkommensänderung ergibt nicht einen um 10 v. H. niedrigeren Betrag. Es handelt sich somit nicht um eine Änderung im Sinne von Abs. 2 sondern nach Abs. 1 und ist erst bei der nächsten Rentenanpassung zu berücksichtigen.

    Zu b)

    Bei einem Einkommen von 2 500,00 DM abzüglich 27,5 v. H. = 1 812,50 DM handelt es sich um eine Einkommensänderung im Sinne von Abs. 2, weil das Einkommen ab 1. 12. 1993 um wenigstens 10 v. H. niedriger ist als das berücksichtigte von 2 100,00 DM (1 890,00 DM). Ab 1. 12. 1993 ist eine neue Berechnung nach § 97 SGB VI mit einem anrechenbaren Einkommen von 1 812,50 DM erforderlich.

56. Eine Einkommensanrechnung ist nicht vorzunehmen, weil der Versicherte vor dem 1. 1. 1986 verstorben ist. (§ 314 Abs. 1 SGB VI). Die Witwe darf neben dem monatlichen Einkommen die Witwenrente ungekürzt weiterhin beziehen.

57. Eine Einkommensanrechnung ist nicht vorzunehmen, weil eine gemeinsame Erklärung im Sinne von § 314 Abs. 1 SGB VI abgegeben worden ist.

58. Es liegt ein Zusammentreffen von Rente und Einkommen vor. Eine Einkommensanrechnung nach § 97 ist vorzunehmen. Bei dem Tod eines Versicherten in der Zeit vom 1. 1. 1986 bis 31. 12. 1995 ist die abgestufte Einkommensanrechnung zu beachten, wenn die Ehe auch vor dem 1. 1. 1986 geschlossen worden ist (§ 314 Abs. 3 SGB VI). Beide Voraussetzungen sind erfüllt. Ein sich nach § 97 SGB VI in Verbindung § 18a bis e SGB IV ergebenes Einkommen ist vom 5. 7. 1993 bis 31. 7. 1994 nicht zu berücksichtigen. Vom 1. 8. 1994 bis 31. 7. 1995 mit 10 v. H. vom 1. 8. 1995 bis 31. 7. 1996 mit 20 v. H., vom 1. 8. 1996 bis 31. 7. 1997 mit 30 v. H. und ab 1. 8. 1997 mit 40 v. H.

59. Es ist die Sonderregelung nach § 314 Abs. 5 SGB VI zu beachten.

60. Es ist die Vorschrift des § 314a SGB VI zu beachten.

61. Auf die Witwenrente der gesetzlichen Rentenversicherung ist die Unfallwitwenrente nach § 93 SGB VI anzurechnen. Das Erwerbseinkommen und die Altersrente (als Erwerbsersatzeinkommen) ist (§ 98 Nr. 5 SGB VI) vorranging auf die Unfallwitwenrente anzurechnen. Gemäß § 97 Abs. 3 Satz 2 SGB VI ist erst verbleibendes Einkommen, das auf die Unfallwitwenrente nicht angerechnet werden konnte, auf die Witwenrente der gesetzlichen Rentenversicherung anzurechnen. Bei der Berechnung nach § 93 SGB VI ist aber von der Unfallwitwenrente vor Einkommensanrechnung auszugehen (§ 98 Nr. 5 vor Nr. 8 SGB VI).

Verzeichnis der Abbildungen und Tabellen

Stichwortverzeichnis

W

Z

Diese Studientext-Reihe umfaßt folgende Titel:

Studienanleitung

Nr. 1	Herath	Sozialversicherung
Nr. 2	Schmidt	Versicherungspflicht
Nr. 3	Laubenstein · Flaßkamp	Beitrags- und Meldeverfahren
Nr. 4	Pilatus · Schweda	Selbständige
Nr. 5	Sauer · Gemeinhardt	Versicherungsfreiheit
Nr. 6	Bechmann	Freiwillige Versicherung
Nr. 7	Jungbauer	Nachversicherung
Nr. 8	Sewing · Overhage	Wirksamkeit der Beitragszahlung
Nr. 9	Weber	Beitragserstattung
Nr. 10	Föhlinger	Anerkennung von Beitragszeiten
Nr. 11	Moser	Fremdrentenrecht
Nr. 12	Löschau	Leistungen zur Rehabilitation
Nr. 13	Thomeit · Schmitz	Übergangsgeld
Nr. 14	Greif · Naumann	Ergänzende und sonstige Leistungen, Zuzahlung
Nr. 15	Störmann	Rentenantragsverfahren
Nr. 16	Roese	Renten wegen Alters
Nr. 17	Künzler · Möhring · Völkers	Renten wegen verminderter Erwerbsfähigkeit
Nr. 18	Brettschneider	Renten wegen Todes
Nr. 19	Reinhardt · Tober	Wartezeiten
Nr. 20	Krumnack	Rentenrechtliche Zeiten
Nr. 21	Krüger	Rentenberechnung
Nr. 22	Poguntke · Tober	Zusammentreffen von Renten und Einkommen
Nr. 23	Glaß	Versorgungsausgleich
Nr. 24	Stix · Diener	Pfändung, Abtretung, Aufrechnung von Renten
Nr. 25	Poguntke	Rentenzahlverfahren, Vorschüsse und Verzinsung
Nr. 26	Prestel · Brendel	Erstattungsansprüche der Leistungsträger
Nr. 27	Raben · Kuhlmann	Verwaltungsverfahren I (SGB I)
Nr. 28	Hallmann · Witthöft	Verwaltungsverfahren II (SGB X)
Nr. 29	Laufer	Krankenversicherung der Rentner
Nr. 30	Sona · Friedrichsen	Zwischen- und überstaatliches Recht, Auslandsrenten
Nr. 31	Topf	Datenverarbeitung in der Rentenversicherung
Nr. 32	Medding	Datenschutz in der Rentenversicherung
Nr. 33	Bienmüller · Badum · Geigenberger	Arbeits- und Dienstrecht
Nr. 34	Wiese · Epping · Martin	Knappschaftsrecht I: Versicherung und Beitrag
Nr. 35	Brettschneider · Klein · Welkisch	Knappschaftsrecht II: Leistung